복 있는 사람

오직 여호와의 율법을 즐거워하여 그 율법을 주야로 묵상하는 자로다.
저는 시냇가에 심은 나무가 시절을 좇아 과실을 맺으며 그 잎사귀가 마르지 아니함 같으니
그 행사가 다 형통하리로다. (시편 1:2-3)

이 책은 로완 윌리엄스 신학의 빼어난 입문서다. 그의 신학 저작이 최근 다양하게 소개되고 있지만, 그만큼 언어와 방법이 낯설어서 문턱이 높다는 평이 적지 않다. 역사와 문학, 철학과 신학이 교차하는 그리스도교 신학의 넓고 깊은 강을 로완 윌리엄스는 자유롭게 넘나들기 때문이다. 이 책은 낯익은 인물 중심의 설교와 대중 강연의 자료로 엮인 탓에 윌리엄스 신학의 시각과 전개, 통찰과 적용을 알아차리기 쉽다. 당대 역사와 교회, 광활한 신학의 너비 속에서도 섬세하고 깊게 파고드는 그의 안내를 따라 독자들은 '아직 보지 못한 세계'를 즐겁게 탐험할 수 있을 것이다. 『루미나리스』는 우리 인간 모두가 '빛나는 존재'로 지음 받았다는 진리의 선언문이다. "태초에 '빛이 있으라' 하시니 빛이 있었다"는 창조의 '말씀'은 신의 손길과 숨결이 담긴 인간 안에서 완성된다. 종종 고된 역사 속에서 이 빛은 가리어질 때가 있었지만, 결코 사그라들지는 않았다. 윌리엄스는 지나치게 치장하여 눈을 멀게 하는 성인의 광채를 누그러뜨리고, 오해와 질시로 상처 입은 눈물 같은 삶을 잘 보살피고 닦아 내어 그 빛을 드러낸다. 그리고 그 거울에 비추어 우리 자신의 빛과 흠을 정직하게 대면하도록 한다. 이 책에는 성직자인 로완 윌리엄스의 섬세한 미덕이 가득 담겨 있다.

주낙현 성공회 서울주교좌성당 주임사제

태초에 하나님과 함께 계셨던 말씀이 이 땅에 오셨을 때, 그 말씀의 충만한 생명은 어두웠던 세상을 밝게 비췄다. 놀랍게도 그 생명을 나눠 받은 사람들 또한 어둠에 빛을 비추는 존재, 곧 루미나리스Luminaries가 되었다. 이들의 존재를 통해 참 빛이 반사되었을 때, 어둡고 칙칙하게만 보였던 현실이 사실 환하고 따스한 하나님의 창조였다는 사실이 드러났다. 이 책은 자신의 삶의 자리에서 그리스도를 증언함으로써 역사를 밝게 비췄던 스무 명을 선별하여 그들의 빛나는 이야기를 들려준다. 그들의 이야기에서는 기억, 언어, 욕망, 응시, 존엄, 공감, 비극 등 현대 신학과 종교 철학에서나 다룰 법한 난해하고 추상적인 단어들이 등장한다. 하지만 이마저도 로완 윌리엄스의 섬세한 읽기를 통해 은총에 잠긴 인간이 되어가는 데 필요한 지혜의 개념으로 변모한다. 그리스도의 생명에 접붙임 된 다채로운 삶에 주의를 기울이다 보면, 인간의 불완전함과 깨어짐을 통해서도 세상을 밝히고 변화시킬 수 있었던 생명의 빛을 볼 수 있을 것이다. 그리고 그 생명의 빛이 지금 우리의 마음에도 밝고 따스한 불을 붙이고 있음을 체험하게 될 것이다.

김진혁 횃불트리니티신학대학원대학교 조직신학 교수

Luminaries

Twenty Lives that Illuminate the Christian Way

Rowan Williams

루미나리스

루미나리스

2020년 4월 22일 초판 1쇄 인쇄
2020년 4월 29일 초판 1쇄 발행

지은이 로완 윌리엄스
옮긴이 홍종락
펴낸이 박종현

도서출판 복 있는 사람
주소 서울특별시 마포구 연남동 246-21(성미산로23길 26-6)
전화 02-723-7183(편집), 7734(영업·마케팅)
팩스 02-723-7184
이메일 hismessage@naver.com
등록 1998년 1월 19일 제1-2280호

ISBN 978-89-6360-344-5 03230
이 도서의 국립중앙도서관 출판예정도서목록(CIP)은
서지정보유통지원시스템 홈페이지(http://seoji.nl.go.kr)와 국가자료공동목록시스템
(http://www.nl.go.kr/kolisnet)에서 이용하실 수 있습니다. (CIP 제어번호: 2020014801)

루미나리스

로완 윌리엄스 지음
홍종락 옮김

그리스도교를 밝게 비춘 스무 개의 등불 ✦

바울부터 로메로까지

복 있는 사람

차례

이 책은 사람들의 이야기와 그들의 저작에 관한 일련의 사색을 담고 있습니다. 또한 그 모든 것을 역사적 관심사로서만 바라보지 않고 해독하고자 합니다. 다시 말해 세상을 해독하고 밝히는 데 도움을 주려는 이야기와 저작을 해독하려는 것이지요. 이것은 세상을 이해하는 사람들의 삶을 이해하려는 시도입니다. 그리고 이는 우리가 하나님을 이해하는 것에 있어서도 도움을 줄 것입니다.

이것을 놀랍거나 새로운 의견으로 봐서는 안 됩니다. 왜냐하면 이런 일은 신약성서 안에서도 많이 찾아볼 수 있기 때문입니다. 예수께서는 사복음서에서 일반적 진리를 가르치는 교사이자 복음의 이야기꾼으로도 기억되는데 이는 우연이 아닙니다. 우리가 알다시피 그분의 가르침의 가장 독특한 요소 중 하나는 **내러티브 구사**에 있습니다. 예수께서 부활 후 엠마오로 가던 제자들과 동행하면서 실제로 한 일은 '이야기'를 다시 들려준 것이었습니다. 이는 매우 의미심장합니다.

제자들은 예수께 이렇게 말합니다. "그동안 무슨 일이 있었는지 모르십니까? 지난 며칠 동안 예루살렘에서 벌어진 일을 모른단 말입니까? 그 일을 모르는 사람은 당신뿐일 겁니다."

예수께서는 이런 취지의 대답을 하십니다. "내가 너희에게 이야기 전체를 들려주마." 그리고 모세와 모든 선지자의 글로 시작하여 지난 며칠 동안 예루살렘에서 벌어졌던 일을 그들이 이해할 때까지 다시 들려주십니다. 그리고 예수께서 식탁에서 떡을 떼실 때, 제자들은 부활하신 그리스도와의 만남으로 인하여 그들의 이야기, 곧 자신들의 삶과 환경 전부가 완전히 새로운 의미가 되었다는 것을 비로소 이해하게 되었습니다.눅 24:13-35

하나님이 수 세기에 걸쳐 자신의 백성을 대하시는 이야기가 예수의 죽음과 부활 안에서 서서히 초점이 맞춰지고 절정에 이르면서, 제자들은 그 전체 이야기를 새롭게 이해할 수 있게 되었습니다. 예수께서 들려주시는 이야기의 빛 아래 거하게 된 두 제자는 예루살렘으로 급히 돌아가 다른 모두가 자신들의 이야기를 처음부터 다시 볼 수 있도록 돕습니다. 이것은 복음의 선포가 어떻게 작용하는지 묘사하는 한 가지 방식이고, 그리스도교의 구원 교리 전체로 들어설 수 있는 하나의 길입니다. 자신을 구원받은 죄인이라 칭한다는 것은 자신의 이야기에 관해 **다르게** 말할 수 있는 법을 배웠다는 뜻입니다. 이것을 다소 압축된 말로 표현하면, 구원받지 못한 죄인은 '다른' 이야기를 하는 법을 배우지 못한 채 자신의 실패 이야기, 상실의 이야기, 죄책의 이야기만을 할 뿐입니다.

오크니(스코틀랜드 북부의 주―옮긴이)의 시인 조지 맥케이 브라운George Mackay Brown, 1921-1996(스코틀랜드의 시인, 작가, 극작가―옮긴이)은 이와 관련된 짧은 이야기 『공포의 다리』Brig o'Dread를 썼는데, 사실상 연옥에 관한 이야기입니다. 이야기는 안개가 덮인 고지대 어딘가에서 길을 잃은 한 남자를 그리며 시작합니다. 그가 바라보는 풍경은 황폐하며 이정표조차 없습니다. 어느 방향으로 가야 할지 처음에는 실마리가 보이지 않습니다. 안개를 헤치고 비틀거리며 가는 동안 그의 기억이 바삐 움직입니다. 그것은 인생의 잘못된 일들에 대한 기억입니다.

이야기가 펼쳐지면서 이 사람이 죽었다는 사실이 미묘하지만 분명하게 드러납니다. 그는 자신이 어디로 가고 있는지 모릅니다. 왜냐하면 그는 아직 자신의 삶을 이해할 수 없었고, 현재 자신이 화해와 귀향으로 나아가고 있다는 것 또한 말할 수 없었기 때문입니다. 그는 여태껏 품어 온 편안한 자아상과 대단히 아프고 수치스러운 기억들을 들추어내고, 그것들이 드러내는 진리를 되새겨 마침내 자신의 인생 이야기가 새로운 모습으로 드러나야 한다는 것을 깨닫습니다. 독자들은 이 남자가 해야 할 일이 그 이야기에 무언가 **새로운** 것, 곧 그가 스스로 만들어 낼 수 없는 소망이나 사랑 또는 화해의 순간을 받아들이는 것임을 알아차리게 됩니다.

이야기의 끝부분에 가면 안개의 한쪽 구석이 걷히기 시작합니다. 길을 찾는 고역이 지속되는 중에, 누군가 살고 있는 집의 불빛이 그에게 나타납니다. 결국에 살 만한 곳은 있고, 들려줄 이야기 또한 있다는 것입니다. 그러나 무언가 새로운 것이 들어와 이야기를 바꿔 놓기 전까지 우리 모두는 스스로에게 말해 오던 이야기에 갇혀 꼼짝할 수 없습니다.

조지 맥케이 브라운은 연옥 교리를 상당히 잘 이해했던 독실한 가톨릭 신자였습니다. 우리가 어떤 전통에 속한 연옥관을 가지고 있든지 간에, 사실 우리는 모두 지상의 삶에서 이런저런 종류의 연옥을 경험하고 있습니다. 그런 경험의 핵심 측면은 여러 이야기에 갇혀 빠져나오지 못하는 것입니다. 들을 귀가 있는 자는 듣게 될 것이라는 그리스도교의 복음이 전하는 내용은, 우리가 스스로에게 전하는 이야기들에 갇혀 옴짝달싹 못하는 교착상태 안으로 들어와 그 이야기들을 다른 결론으로 이끌고 갈 무언가의 존재에 관해 말합니다. 그것은 바로 구원하시는 **그리스도의 임재**입니다.

아마도 이제 여러분은 제가 그리스도교 신앙을 가리켜 "세상을 이해하는 사람들의 삶을 이해하려는 실천"이라고 말한 이유를 알 수 있을 것입니다. 예수께서는 사람들의 세계를 변화시키고자 **이야기**를 들려주십니다. 그리고 청중을 대면하시고 이렇게 말씀하십니다. "이 이야기가 끝나고 나면, 너희는 처음 그 자리에 그대로 있지 못할 것이다." 이 빛 안에서 예수의 비유들을, 특히 누가

복음에 기록된 위대한 비유들을 생각해 보십시오. 이 이야기들의 목적은 우리를 스스로의 심연에서 *끄집어내어* 자신이 누구이고 어디에 있는지를 새롭게 생각하도록 만드는 것입니다. 예수의 비유는 우리가 스스로를 가둬 온 진부한 생각들에서 벗어나 또 다른 세계로 들어갈 수 있도록 도와줍니다. 그 다른 세계는 우리가 이야기의 끝을 알지 못하고 그동안 당연하게 여겨 왔던 범주와 관습이 영향을 미칠 수 없는 곳입니다.

이 책에서 나는 이야기의 '힘'과 '목적'에 대한 이러한 이해를 염두에 두고 여러 사람의 삶에 관한 사색을 제시합니다. 그들의 이야기에는 독자들을 새로운 세계로 초대하는 범주들 중 일부를 부수어 여는 힘이 담겨 있습니다. 그들의 삶은 '신학적'입니다. 위태롭고 절박하고 비상한 상황에서도 의미를 갖기에 생각해 볼 가치가 있는 것이지요. 그들이 스스로에 대해 한 '말', 또는 자신의 경험에 관한 생각이 중심 내용인 경우도 있고, 그들의 삶이나 죽음에 대한 단순한 기록이 핵심인 경우도 있습니다. 이 이야기들이 가진 의미를 이해하고자 한다면, 이러한 이야기를 들려주는 것이 우리 서로에게, 그리고 더 넓은 세계를 향해 좋은 소식을 전할 수 있는 또 하나의 방법이 될 수 있다는 것을 발견하게 될 것입니다.

이 책에서 내가 다룬 사람들은 아주 다양합니다. 하지만 이들을 선택한 특별한 원칙은 없습니다. 이 책보다 열 배는 두꺼운 책이라도 쉽게 엮을 수 있었을 것입니다. 많은 독자께서 "왜 그 사람은 없느냐?"고 묻는다면 제 답변은 하나뿐입니다. 여러 해에 걸쳐

서 나는 이들에 관해 생각하고 기리도록 초대를 받았고, 이들은 여러 면에서 나에게 계몽의 등불과 같은 존재였습니다. 이들의 삶은 우리에게 예측할 수 없는 풍성한 시각과 지평을 열어 줄 것입니다. 이들 중에는 함께 시간을 보내고 싶은 인물도 있고, 솔직히 말해 그렇지 않은 인물도 있습니다. 이 말의 뜻은 이들 모두가 착하고 매력적인 사람들이었던 것만은 아니라는 것입니다. 때로는 결점이 있고 부족했던 존재들이었지만, 확실한 것은 그들을 통해 빛이 비쳐 들었다는 사실입니다.

예수께서 엠마오로 가는 길에 나눠 주신 위대한 이야기—그리고 스스로 위대한 이야기이신 예수—에 비추어 이들의 이야기를 나누는 것은 내가 생각하는 복음의 중심 내용을 전달하는 하나의 방식입니다. 세상은 여러분이 생각했던 것보다 넓고, 바로 여러분 자신은 생각했던 것 그 이상의 존재들이며, 하나님은 우리의 생각을 초월하는 분이십니다. 더 나아가 여러분은 스스로를 규정했던 이야기에 갇힐 수 없는 존재입니다. 이러한 비전은 모두에게 공유할 만한 가치가 있는 선물이 될 것입니다.

St Paul, 5?~67?

사도 바울

열정의 사람

(01)

사도 바울은 어떤 사람이었을까요? 우리는 그의 사생활에 대해 얼마나 알고 있을까요? 사도행전의 저자 누가는 그를 "사울이라 하는 **청년**"행 7:58이라고 부릅니다. 스데반이 예루살렘에서 살해 당한 시기가 예수의 십자가 처형 후 얼마 지나지 않은 주후 34년 경이라고 추측했을 때 당시 바울은 '청년'이었습니다. 고대 세계 에서는 나이 40세가 되어야 '젊은' 상태를 확실히 벗어난 것으로 여겼으니, 주후 34년에 다소 사람 사울은 많아야 30대였다는 결 론을 내릴 수 있습니다. 사울이 예수와 거의 같은 또래였거나 그 보다 조금 어렸으리라는 것은 합리적인 추측입니다. 주전 7-6년 에 태어났을 예수는 십자가 처형 당시 33세에서 40세 사이였을 것입니다. 바울이 그보다 조금 전인 주전 6년 이후에 태어났다면, 그가 사도행전에 처음 등장하는 대목에서 그는 아마 30대 중반의 나이였을 것입니다.

그리고 우리는 고린도전서를 통해 그에게 아내가 없었다는 것을 알 수 있습니다. 그는 함께 다닐 아내를 두지 않기로 한 자신의 처지를 베드로나 다른 이들의 상황과 대조시킵니다.고전 7:8; 9:5 바울이 랍비 교육을 받은 것을 고려할 때, 그가 홀아비였다는 것이 가장 그럴 듯한 가설입니다. 이 가설은 고린도전서의 어떤 내용과도 충돌하지 않습니다. 바울은 서신에서 독신자들을 수신자로 상정하고 글을 쓸 때 결혼하지 않은 이들과 배우자와 사별한 이들을 모두 분명하게 거론합니다. 저는 그것이 바울 자신의 상황이었다는 것에 타당성이 있다고 봅니다.

우리는 그의 건강이 썩 좋지 않았음을 압니다. 그는 그런 상태로 갈라디아에 도착했기에 그 지역 그리스도인들에게 보낸 편지에서 자신이 듣는 이들에게 시험 거리가 될 만한 병을 앓고 있다고 밝힙니다.갈 4:13-14 어떤 병이었을까요? 어떤 이들이 제안한 것처럼 간질이었을 수도 있고, 모종의 눈병 때문에 얼굴이 일그러진 상태였을 수도 있습니다. 흥미롭게도 사도행전에는 바울이 "주목하여 본다"거나 "응시한다"거나 "눈을 찌푸린다"고 설명하는 대목이 두어 군데 있습니다. 갈라디아 사람들은 눈이라도 뽑아서 그에게 내어 줄 자세가 되어 있었다는 바울의 묘사갈 4:15가 우연이 아닐 수도 있는 것이지요. 중동에 흔한 기생충들이 옮기는 수많은 형태의 눈병 중 하나를 앓는 바람에 그의 눈이 퉁퉁 붓고 눈꺼풀에 고름이 끼었다면 그의 외모가 매력이 없었던 것에 대한 설명이 될 것입니다. 그가 "육체의 가시"를 받았다고 쓴 고린도후서 12:7 이하의 대목은 유명한데, 그것은 그에게 굴욕과 제약을 안겨 준 고질병이었습니다. 그것이 간질이었는지 눈병이었는지 다리를 절거나 그 외 다른 종류의 장애였는지 우리는 모릅니다. 하지만 그의 건강은 근심거리였고 그의 사역을 정기적으로 방해한 것은 분명한 사실입니다.

우리는 그가 어떻게 생겼는지 모르지만, 2세기 초 소아시아에서 나온 흥미로운 문서에는 어느 성으로 다가가는 바울의 모습이 묘사되어 있습니다. 성경 이후의 이 전승에 따르면 그 성에서 바울을 만나 초기에 회심한 여성이 있었으니, 그녀는 바로 불굴의 테클라입니다.[1] 문서에는 바울이 키가 작고 안짱다리에 야윈 얼굴과 매부리코를 가졌으며, 대머리에 짙은 눈썹이 하나로 이어져 있다고 기록되어 있습니다. 고대 비잔틴 예술 전통에서도 그렇고 현재까지 그려진 바울의 성화에서도 그는 어김없이 이런 모습입니다. 여기에 어떤 역사적 배경이 있는지는 모르지만, 바울의 모습은 대대로 그럴 듯하다고 받아들여졌습니다.

바울의 성격은 어땠을까요? 대중 앞에서 말하는 것이 약하다는 점을 본인이 시인하긴 했지만,고후 10:10; 11:6 그는 열정적인 사람이었고 어떤 면에서는 강하고 상대를 압도하는 인상 깊은 모습을 보여주기도 했습니다. 바울이 남긴 서신들을 참고하면 알 수 있듯이 그는 가끔 다른 사람을 조종하고 소유하려 들기도 했습니다. 분노로 자제력을 잃을 때는 적들에게 심한 독설을 퍼부었습니다. 갈라디아서 5:12은 보다 극적인 사례 중 하나입니다. 자제력을 잃을 정도가 아닐 때도 상당히 거친 면모를 보였습니다. 그는 갈라디아서의 한 장을 "어리석은 사람들이여"라는 문구로 시작하는데, 이것을 독자들의 공감을 얻을 수 있는 최선의 방법이라고 여길 수는 없을 것입니다. 그러나 그런 거친 모습과 열정은 사랑하는 사람들이 다른 이들에게 조종당하거나 학대당할 때 드러난 것입니다. 이런 바울을 못 봐주겠다 싶어지면, 그가 경쟁자들의 몹쓸 행동들을 나열하고 대단히 비꼬는 투로 이렇게 말하는 대목들을 보십시오. 고린도후서(예를 들면 11:20-21)에서 특히 그렇습니다. "내가 당신들을 그렇게 대하면 좋겠습니까? 미안하지만, 나는 그만큼 모질지가 못합니다."

이 구절 바로 앞에서 바울은 자신의 양 떼를 위해 감수했던 수고와 희생을 말하고 이렇게 끝맺습니다. "내가 왜 이렇게 한다고 생각하십니까? 내가 여러분을 사랑하지 않기 때문입니까? 내가 여러분을 사랑한다는 것을 하나님께서 아십니다!" 이런 따뜻함, 다른 이들을 위한 아낌없는 의분은 바울의 성격이 갖는 가장 강력한 특성 중 하나입니다. 다시 고린도후서 11:29에서 그는 이렇게 적습니다. "누가 넘어지면 나도 애타지 않겠습니까?" 이렇듯 심오하고 본능적인 너그러움이 바울의 열정과 분노와 이따금 남을 조종하거나 사나워지는 순간들 아래에 자리 잡고 있습니다.

또한 당시 바울 자신이 성경을 쓰고 있는 줄 몰랐다는 사실을 기억하는 것은 늘 유익합니다. 감정적인 사람이었던 바울의 편지의 경우, 쓰거나 구술할 때 주장을 펼쳐 나가다 가끔 표현이 엉클어지면서 문장이 중간에 끊겨 독자가 처음부터 다시 읽어야 하는 일이 벌어집니다. 그의 문법은 따라가기 어려울 수 있으며, 그의 글에는 문장이 완성되지 않는 대목들이 더러 있습니다. 고린도전서에서 여자가 공공장소에서 머리에 수건을 쓰는 일에 대한 주장을 펼 때처럼, 어떤 대목에서는 제대로 설명하기엔 너무 복잡한 문제에 빠졌다는 것을 깨달은 듯 바울은 하던 말을 멈추고 이렇게 적습니다. "이 문제를 가지고 논쟁을 벌이려는 사람이 있을지 모르나, 내가 할 수 있는 말은 그런 풍습을 행하는 사람을 아는 바가 없다는 것뿐입니다." 그리고 서둘러 넘어갑니다.

바울 자신이 성경을 쓰고 있다는 사실을 몰랐다는 것은 그의 서신들이 영감된 성서가 아니라는 뜻이 아니라, 바울이 자기가 쓰는 글의 세부 사항에 신경을 쓰지 않았다는 뜻입니다. 그의 글에는 대단히 우아하고 유창한 대목들이 있습니다. 신약성서를 읽는 사람이라면 누구나 아는 고린도전서 13장의 사랑에 대한 위대한 찬가가 그렇고, 그가 자신의 말에 공을 들이고 그것을 아주 아름답게 표현하고 있음을 알아볼 수 있는 여러 대목이 그렇습니다. 그러나 하나님의 본성과 목적과 임재를 가지고 씨름하는 데 몰두한 나머지 문법과 논리적 치밀함이 지평선 너머로 사라지는 대목들도 있습니다.

그러나 이것은 바울이 가진 인간성의 일부입니다. 편지에서 드러난 그는 아주 입체적인 존재이고, 고대 세계 가운데 우리에게 가장 많이 알려진 인물 중 하나이며, 여러 황제와 위인을 제외하면 이만큼 생생하게 파악될 수 있는 인물은 손에 꼽을 정도입니다. 바울은 도덕군자가 아닙니다. 그는 감정이 풍부한 사람이었고, 이러한 성향을 지닌 사람들이 그렇듯 그는 엄격하고 제약이 심한 사회에서 살아가는 것을 상당히 복잡한 일로 여겼습니다. 그러나 바울은 자신이 괴로운 모순 속에서 산다는 인식과 대단한 열정이 있는 사람이었고, 생각과 글을 통해 하나의 세상을 탄생시킬 사람이기도 했습니다. 사도행전에서 그의 대적들이 항의하는 것처럼,17:6 그로인해 세상은 정말 뒤집어졌습니다.

Rowan Williams, *Meeting God in Paul* (London: SPCK, 2015), 17-22.
(『바울을 읽다』 비아)에서 발췌.

St. Alban, 3세기

성 알바누스

그리스도인의 의무

(02)

5세기 초, 프랑스의 한 주교가 영국을 방문하여 지역의 여러 신학적 문제 해결을 도왔습니다. 그중에서도 그는 목청껏 '할렐루야'를 외침으로써 영국인들이 야만인 (픽트족과 색슨족) 침략군을 무찌르는 것을 도왔습니다. 좀 더 믿을 만한 기억에 따르면 그는 영국을 방문할 때마다 그곳의 첫 번째 그리스도교 순교자 알바누스의 성지를 꼭 찾았고, 순교지의 흙을 조금씩 담아 프랑스로 돌아갔습니다.

알바누스에 대한 기억은 강렬했고 영국 교회에 극도로 중요했습니다. 여러 저자가 그의 순교와 성지를 언급하는데, 6세기 즈음에는 알바누스에 관한 상당히 충실한 이야기가 전해졌습니다.

알바누스에 관한 여러 기록 중 가장 친숙한 것은 8세기의 역사가 가경자 비드the Venerable Bede가 집필한 잉글랜드 교회사에 나와 있습니다. 이 기록에 따르면, 이교도 로마 시민인 알바누스는 로마군 수비대가 주둔해 있던 베룰라뮴에 살았고 박해를 피해 달아나던 한 그리스도교 사제에게 피난처를 제공했습니다. 사제의 모습에 감화를 받은 알바누스는 그리스도인이 되기로 결심했습니다. 두 사람은 서로 옷을 바꿔 입었고 알바누스는 도망 중인 사제로 간주되어 붙잡혔습니다.

비드에 따르면, 치안관은 알바누스를 심문하면서 이렇게 물었습니다. "너의 이름은 무엇이고, 어느 종족, 어느 가문에 속하느냐?" 충실한 로마 치안관이라면 이런 내용을 꼭 알아야 했습니다. 상류층 사람을 함부로 처형하는 것은 현명하지 못한 일이었기 때문입니다. 로마 사회에서는 후견인 제도, 곧 누구를 아느냐의 문제가 굉장히 중요했고, 인맥이 탄탄한 사람의 심기를 건드리거나 그를 다치게 했다가는 자신의 위치가 위태로울 수 있었습니다. 치안관은 이 사람이 누구인지 꼭 알아야 했습니다.

그리고 알바누스는 유명한 대답을 내놓았습니다. "나는 그리스도인이고 그리스도인의 의무를 다할 용의가 있습니다.⋯⋯나의 이름은 알바누스이고, 참되고 살아 계신 하나님을 항상 흠모하고 예배할 것입니다."[1] 사형 선고를 내리려던 치안관에게는 좋은 소식이었습니다. 알바누스의 친구와 가족의 보복을 염려할 필요가 없다는 뜻이었으니까요. 알바누스를 처형해도 그 일을 따져

물을 사람이 없었고 자신의 인생을 망쳐 놓을 사람도 없었습니다. 알바누스는 그리스도인이고 그리스도인의 책무officia를 가진 사람이었기 때문입니다. 다시 말해 그의 책무는 친지와 친인척, 후견인과 피후견인으로 이루어진 체계, 로마 사회를 지속시키는 명예와 조직이라는 복잡한 세계에 국한되지 않았습니다.

그렇다면 그런 그리스도인의 책무는 어떤 모습으로 나타날까요? 후견인 피후견인 체계에 충실함을 넘어서는 그리스도인의 충성이란 어떤 것일까요?

그리스도인은 그리스도의 몸에 대한 의무를 집니다. 정당이나 골프 클럽처럼 등록 가능한 모종의 조직체로서의 몸이 아니라, 아직 온전히 실현되지 않은 신비롭고 살아 있는 공동체에 대한 의무입니다. 그리스도인이 의무를 지고 충실해야 할 이 공동체는 우연히 지금 함께 있는 사람들, 우연히 여기서 어울리게 된 사람들만이 아니라, 낯선 자들까지 포함한 미래의 공동체입니다. 그리스도인의 충성과 연대는 아직 만나지 않은 이들과 함께하는 일이요, 아직 보지 못한 세계를 추구하는 일입니다. 그렇기 때문에 그리스도인들은 자연환경에 열정적이고 헌신적인 관심을 가져야만 합니다. 그러나 이것은 그리스도인의 의무가 함축하는 많은 일 중 하나에 불과합니다. 이유는 단순합니다. 우리는 지금은 보이지 않지만 피조 세계 전체의 조화와 화해를 이룬 미래에 충실하도록 부름받았기 때문입니다. 우리가 자연환경과의 조화와 화해라는 미래의 이 특정 측면에 충실하지 못하는 것은 오늘날 우리

세계—우리 교회는 말할 것도 없고—를 괴롭히는 가장 지독하고 곤혹스러운 형태의 불의 중 하나입니다.

그래서 알바누스가 한 일은 순례자들에게 어떤 종류의 충실함, 어떤 책무가 요구되는지 정의한 것이었다고도 말할 수 있습니다. 순례자들은 미래에 대해 어떤 식으로 충실해야 할까요? 순례자들은 자신들이 가는 곳, 하나님의 능력과 사랑이 나타난 곳에 충실한 사람들입니다. 순례자들은 그들의 미래, 그들의 목표에서 눈을 떼지 않고, 그렇기에 순례의 길을 함께 가는 사람들뿐 아니라 그 길 다음 모퉁이 너머에 있는 사람들에게도 충실합니다. 그곳에서 만나게 될 사람들이 우리가 함께 지지하고 도와야 할 하나님이 허락하신 이들임을 알기 때문입니다.

이것은 이 나라의 그리스도교 신앙을 위한 좋은 기초가 될 만한 이야기입니다. 이것은 재빠르게 벽을 쌓는 식으로 자신의 소속을 확고히 하려 들지 않는 그리스도인들의 비전이요, 아직 복음을 듣지 못했지만 같은 편이 되어 주어야 할 사람들과 연대하는 그리스도인들의 비전입니다.

그리고 알바누스에게 그랬듯 우리에게도 가장 무겁게 다가오는 그리스도인의 책무는 아직 만나지 않은 사람들만이 아니라, 우리와 함께하고 싶어 하지 않고 우리가 자기들 편이 되기를 원하지 않는 사람들에게까지도 충실한 연대를 해야 한다는 요구입니다. 이것이 바로 자신이 속한 세상을 포용하는 것의 핵심이자 정수입니다.

이것은 우리가 당연히 충성을 바쳐야 한다고 생각하는 모든 대상에 끊임없이 이의를 제기해야 하는 그리스도인의 책무입니다. 우리는 가장 직접적으로 충실해야 할 대상인 가족과 친구들을 넘어서야 한다는 예수의 대단히 어려운 말씀을 기억합니다. 예수께서는 더 큰 충성의 대상 없이 가족과 친구들 같은 제한되고 국지적인 대상에 매몰된 충성은 위험하고 부패하며 자기만 들여다보는 파괴적인 충성이 되어 버릴 것이라고 말씀하십니다. 히브리서 기자에 따르면 예수께서는 아직 오지 않은 것, "자기 앞에 놓여 있는 기쁨",12:2 친히 들어가길 간절히 염원한 나라에 대해 말씀하실 뿐 아니라 그에 충실하게 행동하셨습니다.

예수와 연대하게 되면 특정 대상들에 바치던 우리의 충성에 의문을 갖게 됩니다. 누구 편이 되어야 하는지 더 이상 확신하지 못합니다. 거북하게도 복음은 우리가 '모든 사람의 편'이 되어야—모든 사람 곁에 서고, 모든 사람을 위해 기도하고, 모든 사람에게 가진 것을 내어 주고 모든 사람의 편을 들어야 한다는 의미에서—한다고 말하는 듯하기 때문입니다. 여기에 미치지 못하는 정도만큼 우리는 앞에서 말한 치안관이 알바누스에게 던진 질문 배후에 자리 잡은 후견인과 피후견인과의 영향력의 세계로 후퇴하게 됩니다. 우리 시대의 경우로 말하자면, 외국인 혐오와 의심, 타인에 대한 두려움, 낯선 사람에 대한 두려움의 세계로의 후퇴를 뜻합니다.

만약 우리가 알바누스를 영국의 수호성인으로 인정했다면,

충성과 연대를 오해할 때 얼마나 끔찍한 위험이 따르는지, 우리 삶과 마음, 가정과 경제를 이방인들에게 열라고—박해를 피해 달아나던 사람에게 집을 열어 주고 그를 대신하여 처벌을 감수했던 알바누스처럼—초청받는 일이 살짝 무섭긴 하지만 얼마나 어마어마하고 신나는 선물인지 우리 사회에 상기시키는 효과가 있었을지도 모릅니다. 우리의 사회, 정치적 삶을 너무도 많이 왜곡시키는 깊고 곤혹스러운 현대의 질병—우리 가운데 있는 무력한 이방인인 난민에 대한 이상하고 끔찍한 두려움—을 극복하는 데 도움이 되었을 수도 있습니다. 그러나 하나님은 그분의 유명한 반어적 감각을 발휘하셔서 영국에 성 조지 St. George라는 수호성인을 허락하셨습니다. 그는 지금 같으면 팔레스타인계 아랍인이라고 불릴 사람이었습니다. 나는 가끔 의아해집니다. 요즘 들어 성 조지의 깃발을 그토록 열정적으로 흔드는 사람들은 자신들이 경의를 표하는 그 사람이 지금 곁에 있다면 상당히 거북했을 것임을 과연 깨닫고 있을까 하고 말이지요. 이렇듯 알바누스는 도전하는 복음의 설교자입니다. 죽음으로써 설교했고, 치안관에게 대담한 말로 설교했습니다. "나는 그리스도인이고 그리스도인의 의무를 다할 용의가 있습니다." 나는 그리스도인이고 그리스도인으로서 충성을 바쳐야 할 대상에 충성합니다. 우리는 그리스도의 몸과 연대하고, 지금도 만들어지고 있는 그 몸의 한계가 어디까지인지 아직 모릅니다.

신자로서 우리가 우선적으로 충성을 바칠 대상은 눈에 보이는 '교회'가 아니라 지금도 형성 중에 있는 몸, 곧 오늘과 내일 그 다음 날에도 예수 그리스도의 부름에 반응하는, 누구도 그 수를 헤아릴 수 없는 무리입니다. 우리는 오늘, 내일, 그 후에도 우리가 함께하고 지지하라고 하나님이 주신 이들에게 자신을 열기로 결심하고, 기도로 뒷받침된 이 환대를 중심으로 삶을 구축해야 합니다.

알바누스의 증언과 담대한 죽음을 허락하신 하나님께 감사드립니다. 알바누스의 신학을 허락하신 것도 감사드립니다. 그의 신학에 담긴 다음의 선포에는 신약성서의 수많은 부분, 우리 소망의 수많은 부분, 우리 판단의 수많은 부분이 고스란히 담겨 있습니다. "나는 그리스도인이고 그리스도인의 의무를 다할 용의가 있습니다.……나의 이름은 알바누스이고, 참되고 살아 계신 하나님을 항상 흠모하고 예배할 것입니다."

2006년 6월 24일, 성 알바누스 축일에 세인트 알반스 대성당에서 전한 설교를 기초로 한 글.

St Augustine of Hippo, 354~430

히포의 성 아우구스티누스

내면의 삶을 가르친 교사

(03)

히포의 아우구스티누스는 390년과 420년 사이에 대부분의 글을 쓴 서방교회의 가장 중요한 사상가입니다. 그러나 어느 정도 교육을 받은 그리스도인들에게 그에 대해 물으면 딱 두 가지 문제만을 떠올리고 이렇게 되물을 가능성이 높습니다. "그 사람 그리스도교가 섹스에 신경과민을 일으키게 만들지 않았나요? 예정 교리를 발명한 사람이죠?"

　하지만 오늘날 아우구스티누스 연구는 참으로 오랜만에 활발히 진행되어 창조적 성과를 내고 있고, 현대의 많은 '포스트모던' 신학자는 그를 수호성인으로 내세울 것입니다. 전문 철학자들은 시간과 언어 능력 같은 주제에 대한 그의 논변들을 여전히 논하고 있고, 정치 생활의 본질에 대한 그의 사색은 여러 사회 평론가들의 열정적 논평을 끌어냈습니다. 미국에서 특히 그랬습니다. 그의 유산은 어째서 1600년이 지난 지금도 우리에게 여전히 중요한 의미가 있을까요? 그를 그저 나쁜 영향을 끼친 사람 정도로 치부할 수 없다 해도, 그를 꼭 읽어야 한다고 말할 만한 이유가 있을까요?

섹스와 예정 교리에 대한 비난에는 자세한 답변을 시도하지 않겠습니다. 이제껏 그 두 문제로 아우구스티누스를 터무니없이 혹평한 사람들은 흔히 그의 저작 중 극히 일부만 읽은 것 같다는 제 생각만 밝히고 넘어가겠습니다. 저는 그의 저작에서 현대의 그리스도인들과 현대 사회가 꼭 필요한 방식의 도전을 받아 마땅한 한두 가지 주제를 살펴보고 싶습니다. 이 주제들은 아우구스티누스가 생각한 인격person의 실체─우리가 하나님에 대해 말하는 방식과 우리 자신에 대해 말하는 방식을 묶어 주는 문제─와 관련이 있습니다.

성숙한 그리스도교 신앙으로 가는 여정을 이야기하는 『고백록』은 서양 문화에서 **기억**의 작동 방식을 체계적으로 검토한 첫 번째 문헌으로 제대로 인정받고 있습니다. 아우구스티누스는 우리가 자신에게 투명하지 않다는 사실에 매료됩니다. 나는 내가 무엇을 아는지 모릅니다. 내 마음 어딘가에 존재한다는 것을 알고 있지만 접근할 수 없는 것들이 있습니다. 그래서 나는 주어진 어떤 순간에 무엇이 나를 압박하는지 결코 모릅니다. 나의 선택과 행동들은 엄밀히 따지면 자유롭지만 그 동기를 결코 온전히 파악할 수 없습니다. 인간으로 존재한다는 것은 자신을 추구한다는 것, 자신에 대해 묻고 궁금해 하는 끊임없는 과정에 사로잡힌다는 것을 의미합니다. 바로 이것 때문에 인간은 우주에서 그토록 이상한 존재가 됩니다.

현대의 독자라면 여기까지의 내용에 크게 공감할 것입니다. 그렇습니다. 우리는 인간의 자아성이 대단히 흥미롭고 내면의 질문에 귀 기울이는 동시에 일하는 방식을 이해하는 데 많은 시간을 들여야 한다고 말합니다. 그러나 아우구스티누스는 우리가 그렇게 하도록 내버려 두지 않습니다. 우리의 끝없는 자기 성찰이 매력적이긴 하지만, 핵심은 그런 식으로는 결코 해결에 이를 수 없다는 것입니다. 나는 언제나 불완전하고, 자기 모색의 끝에는 한 가지 기본적 욕구와 공허함이 놓여 있습니다. 변화는 이것을 인식할 때 비로소 일어납니다.

대부분의 시간 동안 나는 타고난 불안 때문에 빈틈을 메워 줄 것들, 목적지에 도달했고 안전하다고 최종적으로 말해 줄 것들을 찾게 됩니다. 그 목표에 도달하여 그 일이나 그 사람을 차지하면 내가 온전해질 거라고 생각하는 것이지요. 그러나 그런 지점에 이를 수 있다는 생각 자체가 인간이 저지르는 근본적인 오류입니다. 그리고 우리는 물질적 영역 못지않게 영적 영역에서도 그런 오류를 저지를 수 있습니다. 아우구스티누스의 『고백록』은 먼저 마니교가 제공하는 포괄적 우주론에서 해결책을 찾던 과정과, 그 다음에 신플라톤주의 철학이 제시하는 합일의 신비 체험에서 해결책을 찾던 과정을 기록합니다. 두 번째 모색은 좀 더 현명했으나 여전히 잘못된 것이었습니다. 두 가지 이론과 체험 모두 그의 의지와 행함의 진정한 중심을 건드리지 못하는 것 같았습니다. 그의 **사랑**이 변화되지 않았던 것입니다.

아우구스티누스는 자신에게 변화가 찾아온 과정을 두 가지로 제시합니다. 첫째, 혼자서는 삶의 통합을 이루어 낼 수 없다는 것. 둘째, 자신이 누구인지에 대한 온전히 참된 이야기를 모른다는 사실을 깨닫는 것. 자기 안의 가장 심오한 취약성을 직면하고서야 비로소 진리가 전해질 수 있다는 것이지요. 그리고 이 과정을 촉발시키고 이해하게 해준 존재가 예수라는 사실입니다. 그리스도교 신앙은 한 사람의 생애와 죽음을 통해 하나님의 영원한 진리와 지혜가 가장 완전하게 선포되었다고 주장합니다. 하나님은 시간의 언어로 말씀하셨습니다. 하나님의 진리를 받아들인다는 것은 우주에 대한 이론을 습득하는 것도 아니며 시간에서 벗어나 조화로운 영원으로 도피하는 것도 아닙니다. 그것은 몸과 역사를 가진 피조물로 존재하는 한계 안에서 신실하게 살기 위한 싸움을 그저 받아들이는 것입니다.

이런 맥락에서는 하나님조차도 나의 갈망과 불완전함을 채워주는 대상이 되지 못합니다. 갈망과 불안이 나의 창조 목적의 일부라는 사실을 받아들이는 법을 이생에서 배워야 합니다. 하나님을 사랑한다는 것은 모든 것에 대한 가장 큰 만족을 얻는 것이 아니라, 나의 사랑의 경험 전체가 변화되는 것을 의미합니다. 마음 속 빈자리를 메우려고 미친 듯이 투쟁하다 다른 이들과 자신의 세계 전체를 착취하고 지배하는 대신, 나는 결코 자신과 편안하게 하나됨을 느끼거나 모든 욕구가 채워지지 않을 것임을 인정합니다. 나의 갈망은 무한하신 하나님의 지평선을 향해 펼쳐집니다. 그러나 하나님이 어떤 분인지 더 분명하게 이해할수록 (아우구스티누스가 시편 묵상 중 어느 글에서 말한 것처럼) 하나님의 어떠하심을 소유하거나 온전히 표현할 수 없음을 더 많이 깨닫게 됩니다.

하지만 나는 이 세상이라는 위험한 지역에서 예수 그리스도와 동행하며 내 노력을 의지하지 않고 나를 신실하게 붙드실 그분의 선물을 신뢰할 수 있습니다. 내 마음의 빈자리를 메워야 한다는 충동 대신에, 그 빈자리가 길이 되어 하나님의 사랑이 내 안에 임합니다. 나는 하나님이 원하시는 바를 원하기 시작하고, 자신을 내어 주시는 하나님의 뜻을 공유하게 됩니다. 그래서 다른 사람들을 하나님의 관점에서 보고, 하나님이 그들을 사랑하시듯 조금 더 그들을 사랑하고, 그들의 유익을 나의 유익처럼 바라기 시작합니다. 아우구스티누스에 따르면, 정의를 향한 열정은 이런 식으로 하나님을 향한 사랑에서 자라납니다. 내게 좋은 것이 다른 이에게도 좋다는 식의 사고를 중단하고 다른 이에게 유익하지 않은 것은 내게도 좋지 않음을 깨닫게 됩니다.

이것은 편안한 그림이 아닙니다. 영적으로 사이좋은 노부부 같은 관계로 하나님과 편안히 있도록 놓아두지 않습니다. 자신에 대해 뿌듯해 할 수 있는 선행 프로그램을 제공하지도 않습니다. 오히려 나의 한계를 친구 삼아야 한다고, 제자의 삶에는 언제나 부재와 상실의 아픔이 남아 있을 것임을 받아들여야 한다고 말합니다. 하나님은 내 기억의 중심에서 활동하시고 상상도 못할 미래로 나를 이끄시지만, 그분은 결코 내가 여기서 소유하는 대상으로 함께하시지 않습니다. 하나님은 예수 안에서 우리와 함께하십니다. 나의 창조주이신 그분은 가늠을 수 없을 만큼 내 안 깊은 곳에 계십니다.

그리고 그분은 내가 바라볼 수 있도록 가만히 계시지 않습니다. 아우구스티누스의 가장 강력한 이미지 중 하나를 빌리자면, 그분은 내 앞에서 자꾸만 모퉁이를 돌아가시기 때문에 나는 그분을 좇아 계속 달려가지 않을 수 없습니다. 그리고 나 자신의 불완전함을 깊이 자각함에 따라 내 안에 다른 이들과 경쟁하면서 채워야 할 절대적이고 개인적인 욕구들이 있다는 환상에서 점차 탈피할 수 있게 됩니다. 자신의 신비를 인식하게 되면 타인의 신비도 눈에 들어오고, 자기 숭배에서 해방되면 하나님의 사랑을 좀더 닮은 사랑을 전할 수 있게 됩니다. 그리고 사람들을 자신의 만족을 위한 도구로서가 아닌 그들의 참된 모습 그대로, 곧 하나님의 기쁨을 위해 만들어진 창조물로 바라보고 사랑할 수 있게 됩니다.

아우구스티누스에 따르면 교회 안에서 사랑이 어떻게 역사하는지 보여주는 비전이 바로 여기서 흘러나옵니다. 이것은 주권적

은혜를 열정적이고 때로는 다소 편파적으로 강조하는 동시에 나의 뜻이 성취할 수 있는 것을 합당하게 회의懷疑하는 비전입니다. 그리고 이는 하나님의 삼위일체적 생명을 보여주는 그림입니다. 인간의 자아가 정말 무엇인가에 대한 아우구스티누스의 이해를 신학의 출발점으로 삼는다면, 그가 모든 거룩의 중심이자 모든 신학의 중심으로 여겼던 그 사랑의 지혜 안에서 성장하기를 구하는 가운데 그와 똑같이 많은 결실을 거둘 수 있을 것입니다.

St. Augustine of Canterbury, 530?~604

캔터베리의 성 아우구스티누스

영국인들의 사도

(04)

유럽에서 6세기 말은 암울한 시기였습니다. 6세기 중엽 선페스트의 창궐로 유럽 대륙 전역에서 인구가 줄었는데, 일부 지역에서는 많게는 주민의 3분의 1까지 목숨을 잃었습니다. 로마 제국의 행정 체계는 거의 사라졌습니다. 오늘날의 프랑스, 스페인, 북이탈리아에 해당하는 지역을 다스린 왕들은 이전 200년 동안 그 지역을 차지했던 게르만족의 일원이었습니다. 서쪽 바다 너머 먼 영국의 섬들에서는 로마의 통치가 오래전에 사라졌고, 지금의 덴마크 남부와 독일 북부에서 넘어온 이주민의 무리가 조직화를 거쳐 나라를 세우기 시작했습니다. 역병의 끔찍한 결과와 정치, 행정적 혼란이 결합된 유럽 전역의 분위기는 침울했습니다.

당시 얼마 남지 않은 안정된 장소 중 하나가 로마였습니다. 로마 제국의 옛 수도는 전통적인 정치적 관점에서는 그리 중요하지 않았지만 여전히 상징적 지위를 가지고 있었는데, 그 지위는 로마 주교에게 집중되어 있었습니다. 로마 주교는 라틴어와 그리스어에서 '아버지'를 뜻하는 단어인 파파papa — 교황pope — 로 불리는 일이 점점 많아졌습니다. 그리고 6세기 말의 교황은 마침 예외적인 인물이었습니다. 여러 세대에 걸쳐 행정적, 외교적 경험을 갖춘 지체 높은 귀족 가문의 자제였던 그는 황제 궁정의 사절로 돋보이는 활약을 했고 수도원 운동으로 대표되는 더없이 중요한 그리스도교 경건의 갱신을 깊이 이해한 사람이었습니다.

그레고리우스 교황은 당시에 퍼져 있던 우울한 분위기에 큰 영향을 받았습니다. 많은 이들처럼 그도 세상이 곧 끝날 것이라고 생각했습니다. 기근, 전염병, 전쟁은 성경이 경고한 종말의 징조에 해당하는 것들이었습니다. 그레고리우스 교황은 사려 깊고 분별 있는 다른 신학자들과 마찬가지로 종말의 정확한 날짜를 예측하는 데 열중하지는 않았지만, 모든 것이 가차 없이 허물어지고 있다는 느낌은 피하기 어려웠습니다. 만약 이것이 사실이라면 최후의 심판이 도래하기 전에 가장 먼 곳에 있는 야만인을 포함한 모든 사람에게 복음을 전하는 것은 매우 중요한 일이었습니다. 따라서 그가 서쪽 연안의 섬들에 관심을 가진 것은 놀라운 일이 아니었습니다.

그레고리우스 교황이 영국의 상황을 처음 인식하게 된 이야기는 유명합니다. 경력 초기에 그는 잉글랜드 북부에서 온 몇몇 젊은이들을 로마의 노예 시장에서 만났습니다. 그들이 '앵글'족 사람들이라는 말을 듣자 그는 "앵글족Angles 보다는 천사angel와 비슷한" 모습이라고 대답했습니다. 그리고 몇 년 후 교황이 되고 나서는 앵글족이 사는 이 신비로운 나라를 선교 활동의 중심지로 삼기로 결정했습니다.

이 선교 활동을 이끌도록 선택된 사람이 바로 아우구스티누스라는 수도사였습니다. 이전까지 그에 대해 알려진 바는 그레고리우스가 로마에 설립한 수도원의 고위직에 있었다는 사실이 전부였습니다. 하지만 우리는 아우구스티누스 선교 활동에 대한 기록을 통해 그에 관한 상당히 생생한 그림을 얻을 수 있습니다. 그가 죽고 나서 백 년 넘게 지난 뒤 이 기록을 남긴 사람은 같은 수도사이자 역사가인 비드였습니다. 비드는 멀리 북동쪽 끝에 있는 지역에 거주했지만 아우구스티누스가 켄트에 설립한 공동체의 전통과 문서들에 접근할 수 있었습니다.

아우구스티누스는 귀여운 느낌이 들만큼 걱정과 불안이 많은 사람이었습니다. 그는 영국에 도착하기도 전에 귀환 명령을 받고자 그레고리우스를 설득하는 데 최선을 다했습니다. 그는 오래전에 영국에 자리를 잡은 프랑스 주교들과의 관계에서 자신의 지위가 어떠할지 걱정스러웠던 것이지요. 비드 기록의 행간을 읽어 보면, 프랑스의 주교들은 서툴고 수줍음 많은 이 이탈리아인 수도사가 국가적 선교 활동의 큰 책임을 맡았다는 사실을 믿기 어려

위했습니다.

아우구스티누스는 잉글랜드에서 자리를 잡은 뒤, 개종자들을 어떻게 지도해야 하는지에 대한 수많은 질문으로 교황을 괴롭혔습니다. 영국 서부에서 온 켈트족 주교들을 만난 자리에서는 거드름을 피우면서 그들을 하급자 취급하다가 모임을 망쳐 놓기도 했습니다. 그는 자신감 없는 사람의 특성을 모두 갖추고 있었습니다.

물론 그를 완전히 나무랄 수는 없습니다. 그는 언어가 전혀 통하지 않고 문화도 낯선 나라에 고립되어 있었고, 자신의 짐을 나눌 사람이라고는 영국에 올 때 동행했던 이탈리아인 수도사들이 전부였습니다. 그는 19세기에 우간다 같은 지역에 들어갔던 최초의 영국인 선교사들과 비슷한 심정이었을 것입니다. 현지인들의 의심—때로는 살의까지 깔린 의심—을 받았을 뿐 아니라, 전혀 모르는 문화적 관습 때문에 언제라도 트집이 잡힐 수 있는 처지였습니다.

그러나 그는 무언가를 제대로 했음이 틀림없습니다. 비드의 역사서에 따르면 켄트의 에설버트 왕은 아우구스티누스와 그의 수도사들에게 해당 지역의 주도인 캔터베리의 땅을 하사했습니다. 그들은 로마 시대에 지어졌다가 남은 유일한 교회였던 세인트 마틴 교회 근처에 정착했던 것 같습니다. 그곳에 가면 지금도 로마 시대의 벽돌과 석조물의 조각을 볼 수 있습니다. 그들은 그곳에서 지역 주민들의 너그러움에 의존하고 엄격한 기도 생활을 추구하며 소박하게 살았습니다(비드는 세인트 마틴 교회에 철야기도가 많다고 전합니다). 그들의 가식 없는 삶은 사회적 지위와 물질적 부를 가장 중요하게 여기던 부족 세계에 큰 영향을 끼쳤고, 지역 주민들의 공감적 관심을 받기 시작했습니다.

얼마 지나지 않아 에설버트 왕은 세례를 받기로 결심했습니다. 그러나 비드는 세례는 자유롭고 개인적인 선택이어야 한다는 아우구스티누스의 강조가 있었기 때문에 왕이 다른 누구에게도 세례를 받도록 강요하지 않았다고 주장합니다. 그렇게 함으로써 개종자들을 만들어 낸 것은 수도사들의 비범한 삶이었음을 분명하게 드러냅니다. 초기 역사가들에게는 군주들과 왕들이 그리스도교를 버렸을 때도 지역 주민들은 여전히 수도사들에 대한 신뢰와 애정을 견지했다는 점을 분명히 밝히는 일이 중요했습니다.

비드 세대의 저술가들은 이 부분을 의미심장하게 여겼습니다. 수도원 생활이 너무 안일해지거나 주변 주민들의 삶에 너무 깊이 빠져 버리면 문제가 생기기 마련이었습니다. 그래서 비드는 초기의 단순한 삶이 가지고 있던 회심의 효과를 강조하는 일이 꼭 필요하다고 생각했습니다. 그리고 이와 관련해서 그레고리우스 교황이 주교가 성직자 지원과 가난한 자들의 구제에 수입을 어떻게 분배해야 하는지 아우구스티누스에게 알려 주는 편지도 소개했습니다. 교황은 주교가 다른 사제들과 함께 소박한 공동생활을 영위하고 수도원의 문을 누구에게나 열어 놓으라고 힘껏 강조했습니다.

앞에서 언급한 것처럼 아우구스티누스는 천성적으로 걱정이 많은 사람이었고 그레고리우스에게 온갖 문제를 문의하고 싶어 했습니다. 교황에게 도움을 구할 수 있다는 것은 고립된 위치에 있던 그에게 분명히 큰 위안이 되었을 것입니다. 프랑스의 주교들과는 어떻게 관계를 맺어야 하는가? 교황은 이렇게 답합니다. "그들에게 적절히 문의하라. 그들이 잘못하는 것처럼 보여도 요청이 없다면 간섭하지 말라." 로마 교회와 프랑스 교회의 관습 차이에 대해 어떻게 대처해야 하는가? 영국에는 어느 쪽 관습을 도입해야 하는가? 교황은 말합니다. "교회마다 일을 다르게 할 뿐이다. 상식을 활용하라." 교회의 결혼 법과 영국 지방 부족들의 다소 상이한 결혼 관습을 어떻게 통합하는가? 그레고리우스는 부족들이 관습을 따랐다는 이유로 벌하지 말라고 말하며 장래에는 그들에게 교회의 규칙을 알려 주도록 명합니다.

이런 질의응답은 계속 이어졌고 그레고리 교황은 걱정 많은 하급자에게 참을성 있게 조언합니다. "임신한 여성에게 세례를 베풀어도 괜찮다. 부부관계를 한 다음날 아침, 성만찬에 참여하는 일을 금지하는 법은 없다." 가끔은 그레고리우스의 답장에서 그의 한숨 소리나 20까지 숫자를 세는 소리가 들리는 듯합니다. 분별력이 있는 사람이라면 혼자서 알아낼 수 있을 법한 문제를 묻는 편지도 있었기 때문이지요.

그러나 이 편지들에는 가르침을 잘 받은 지적인 그리스도인들이라도 해결하기 어려운 여러 문제에 대한 더없이 귀중한 정보가 담겨 있습니다. 우리는 현대인의 눈으로 이 편지들을 읽으면서

섹스에 대한 불건전한 생각을 발견하지만, 이것은 생각보다 더 복잡한 문제입니다. 성적 관습과 금기는 하나의 부족 사회와 다른 부족 사회를 구별해 주는 주요한 요인 중 하나입니다. 그런데 당시에는 부족 단위를 넘어서는 새로운 정체성이 사람들에게 부여되고 있었습니다. 바로 세계 그리스도인이라는 정체성이었습니다. 이 새로운 정체성이 이전의 모든 것을 쓸어내야 할까요? 모든 관습, 금기가 새로운 체계에 굴복해야 할까요? 그리고 그리스도교의 금기들은 보편적인 것, 모두 신성불가침의 것들일까요? 이런 생각들은 사실 다양성의 한계에 대한 염려였습니다. 다문화주의의 한계에 대한 염려라고 말할 수도 있을 것 같습니다.

그레고리우스는 아우구스티누스에게 전통적인 이교도의 성지에 교회를 세우라고, 심지어 기존 신전을 교회로 쓰라고 권한 일로도 유명합니다. 그렇게 해서 불연속성이 너무 커지지 않게 하라는 뜻이었습니다. 그러나 문제들은 사라지지 않았습니다. 교회 선교 활동의 역사에서 그런 문제들이 충분히 다루어진 적은 한 번도 없습니다. 17세기에 교회는 인도의 카스트제도와 중국의 조상 숭배에 어떻게 대응할지 결정해야 했습니다. 19세기와 20세기에는 아내를 여럿 둔 사람이 회심했을 경우 그가 아내들에게 어떤 의무를 지켜야 하는지 해결해야 했습니다. 지역적 관습―춤과 축제―이 무해하고 중립적인지, 아니면 비그리스도교적 과거의 잔재를 너무 많이 담고 있는지를 둘러싼 논쟁은 여전히 벌어지고 있습니다. 우리는 그레고리우스 교황처럼 아우구스티누스가 지나치게 염려한다고 느낄 수도 있을 것입니다. 그러나 교회에 속하게 되면 사회적, 인종적 정체성 이외의 다른 어떤 정체성이 만들어지는가 하는 문제는 여전히 실제적이고 생생한 현안입니다.

2012년 10월 17일, BBC 제3 라디오의 '앵글로색슨의 초상' 시리즈에서 방송된 강연

St Anselm of Canterbury, 1033?-1109

캔터베리의 성 안셀무스

하나님의 정의

성만찬은 무엇을 하는 것일까요? 무엇보다, 하나님의 크신 영광에 감사를 드리는 것입니다. 왜 감사를 드립니까? 성부께 기도하여 아버지의 영광을 합당하게 인정할 때 평화와 치유를 간단하고도 분명하게 찾을 수 있다고 예수 그리스도를 통해 배웠기 때문입니다. 여기서 우리는 구원의 '심미성'을 말할 수 있을 것 같습니다. 우리가 받은 진리에 **걸맞게** 응답하고 우리가 들은 말씀에 아주 원만히 응답할 때, 우리는 온전해지고 자신과도 하나가 될 수 있습니다. 그리스도께서 이런 식으로 성부께 영원히 응답하시니 진리와 진리가 서로 메아리치는 것이지요. 우리의 과제는 자기를 내어 주시는 성부를 향한 그리스도의 참된 반응이 우리 안에서도 살아나게 하는 것입니다. 그리고 성만찬을 행함으로써 그리스도의 몸이라는 우리의 정체성을 정확히 주장하고, 그것에 참여함으로써 그 정체성을 새롭게 합니다. 그리하여 성육한 말씀이신 예수께서 우리 안에 거하시고 우리는 그분 안에 거하며, 하나님의 성품과 행하신 일로 인해 그분께 합당한 감사를 돌리게 됩니다.

이것은 성 안셀무스를 이해하는 아주 좋은 출발점일 것입니다. 그는 당대에 이미 유럽 지성계의 주목을 받는 인물이었고 노르망디 베크 수도원의 수도원장을 역임한 경험 많은 지도자였습니다. 하지만 그가 캔터베리 대주교로 있던 시절은 평화로운 일상이 펼쳐지는 삶과 거리가 멀었습니다. 안셀무스가 자신의 가장 영향력 있는 저서인 『인간이 되신 하나님』*Cur Deus Homo*을 쓸 당시에 그는 잉글랜드 왕과 격렬한 갈등을 겪었고, 이 갈등으로 인해 망명을 떠났으며 온갖 위험에 빠졌습니다.

『인간이 되신 하나님』은 하나님의 모욕당한 명예를 회복시키기 위한 제물로 십자가에 달리신 그리스도의 대속 사역의 필연성을 묵상한 책입니다. 이런 용어들이 나오면 우리는 놀라서 주춤하게 됩니다. 이 말대로라면 하나님은 자신의 명예에 집착하는 신이 되기 때문입니다. 사람의 경우라면 꾸짖어야 마땅한 방식으로 말입니다. 죄가 하나님의 명예를 모욕하는 일이라면, 하나님이 그것을 그냥 탕감해 주실 수 없다는 말은 도대체 무슨 의미일까요? 이것은 정의를 자비보다 우위에 둘 뿐 아니라 정의 자체를 융통성 없고 비인격적인 요구를 만족시키는 편협한 문제로 다루고 있는 것이 아닐까요?

하지만 안셀무스는 이런 반론을 이상하게 여겼을 것입니다. 그는 윌리엄 2세와의 격렬한 의견 충돌을 통해 명예 손상이 무엇인지 알게 되었습니다. 그는 왕을 행복하게 해주는 일에 돈을 쓰는 것을 거부했습니다. 그리고 자신이 가진 모든 자원을 가난한 자들을 위해 떼어 놓았고, 가난한 사람들이 내놓을 형편도 안 되고 내놓아서도 안 되는 것들을 그들에게 요구하지 않을 거라고 선언했습니다. 안셀무스가 생각한 하나님은 어떤 대가를 치러서라도 자신을 진정시킬 것을 요구하는 절대군주 윌리엄 루퍼스(붉은 머리 윌리엄, 윌리엄 2세의 별명―옮긴이)의 확장된 존재가 아니었습니다. 안셀무스는 우리가 이미 하나님의 영에 익숙하기 때문에 그분의 일하심을 이해할 수 있다고 생각했습니다.

모든 질문은 하나님의 '자기 규정'이라는 배경 안에서 다루어져야 합니다. 하나님과의 관계에서 우리가 누구이고 우리와의 관계에서 하나님이 누구신가에 대해 하나님이 알려 주신 진리 말입니다. 이 조건을 지켜야만 안셀무스가 현대 독자의 눈에는 추상적이고 다소 이질적으로 보이는 제1원리에 근거하여 그리스도의 생애와 죽음의 필연성을 논증하려 한 것을―하나님은 참된 하나님이시고 우리는 스스로 인식하듯 무력하고 거짓된 존재라면 하나님은 어떤 일을 하셔야 했을까?―이해할 수 있습니다. 안셀무스의 글에 나오는 이 논증을 달리 말하면, 우리가 하나님의 본질―영원하고 필연적이고 더없이 일관되게 존재하심―을 어느 정도 이해하고 그 하나님이 직접 만드신 피조물을 사랑하시고 그들과 자유롭게 관계를 맺으신다는 것을 깨닫게 된다는 것입니다. 그렇게 되면 결국, 우리의 구원이란 하나님의 절대적 자유가 우리로선 돌이킬 수 없었던 그분과 우리의 관계를 회복시킨 것이라는 사실이 보이기 시작할 것입니다.

하나님의 존재가 갖는 순수하고 절대적인 자기 일관성 앞에서 그것을 관상하고 놀라워하는 자리에 서는 것과 그 은혜의 작용 앞에서 그것을 관상하며 감사하는 자리에 서는 것—그리고 그 외에는 그리스도인이 합당하게 설 자리가 없다는 것—에서 출발한다면, 엠마오로 가는 길의 제자들처럼 우리도 그리스도께서 고난을 받으시고 영광으로 들어가신 것이 필연적인 일이었음을 깨닫게 될 것입니다. 우리에게 필요한 것은 어떤 추상적 제1원리가 아니라 적극적으로 일하시고 전적으로 일관적이신 하나님 앞에서 완벽하게 구체적인 자세를 취하는 것입니다. 안셀무스는 그의 유명한 신 존재 증명에서처럼, 이 논증에서도 단어와 개념을 가지고 노는 것이 아니라 기도와 흠모의 행위에 함축된 것을 탐험합니다.

그러니까 안셀무스가 그리스도 안에서 이루어진 구원에 관해 주장한 내용을 재구성하려면 다음의 시각을 가지고 출발해야 합니다. 안셀무스가 보는 것은 거짓에 갇힌 인류입니다. 우리는 죽을 수밖에 없는 현 상황에서 하나님의 생명을 반영하는 사랑의 순종을 그분께 드릴 수 없습니다. 그 순종이 우리의 소명, 우리의 운명,

우리의 은사인데도 말입니다. 우리는 단순한 의미에서 하나님을 '명예롭게' 할 수 없기에 하나님이 우리 삶에서 하나님 되시도록 맡기지 못하고, 우리가 우리 자신이 되도록 허용하지 못합니다.

안셀무스의 생각의 봉건적 배경에 대해 많은 말이 쏟아질 때, 우리는 그가 자신의 신학을 어떻게 실천했는지 기억해야 합니다. 그는 윌리엄 루퍼스 왕이 군사 원정을 위해 요구한 지원금을 보내는 것을 거부했습니다. 왕의 요구가 돈을 징수해야 할 대상인 자신의 소작인들과 농노들에 대한 불의─불명예─라고 믿었기 때문입니다. 불명예와 불의의 핵심은 다른 사람을 자신의 필요와 요구를 채울 기회로 축소시키려는 시도입니다. 명예와 정의는 타인의 실재가 갖는 진실을 존중합니다.

따라서 죄는 진실성의 치명적 결여라고 볼 수 있습니다. 우리 안에 건강함이 없다는 것은 우리가 창조된 목적대로 행하지 못하고 있기 때문입니다. 하나님이 우리에게 "개의치 마라"고 말씀하신다 해도 이 사실은 달라지지 않습니다. 문제는 하나님이 손상된 존엄에 연연하시는 것이 아닌 지독한 흠결 때문에 우리가 그분의 영광을 제대로 반사하지 못하는 데 있습니다. 우리는 참되고 객관적 가치가 있는 방식으로 살 수 없습니다. 이것이 바로 우리의 구원이 그저 합당하거나 걸맞거나 도덕적으로 옳은 행위가 아닌 귀중한 행위─측량할 수 없는 가치를 지닌 행위─에 달려 있는 이유입니다. 그리스도께서는 십자가에서 죽으심으로써 성부께 자기를 내어 주셨고 이것은 자기를 내어 주신 성부를 향한 완전한 신적 응답이었습니다. 이는 무한히 귀하고 아름다운 선물에 대한 무한히 귀중하고 아름다운 반응이며, 성부 하나님의 영원한 자기 내어 주심이 말씀[이신 성자]을 낳음으로써 발견되는 완벽한 메아리입니다.

그러나 이것은 인간의 행위이기도 합니다. 인간 예수는 영원한 사랑을 자유롭고 거침없이 실천하기로 선택했고 그 실천의 대가인 죽음을 받아들였습니다. 그는 인간의 몫으로 정해진 일을 마침내 해냈고 그로 인해 진실한 관계는 회복되었습니다. 우리의 본성이 하나님의 본성에 화답할 수 있게 된 것입니다. 이제는 하나님이 우리에게 주신 선물인 생명, 자유, 사랑을 그분께 되돌려 드릴 수 있습니다. 명예가 회복되었습니다. 모종의 비인격적이고 경직된 요구 조건이 채워졌거나 하나님의 체크 리스트를 통과했기 때문이 아닙니다. 피조물이 하나님께 합당한 반응을 했고, 그로인해 피조물에게, 그중에서도 특히 인간에게 공정한 평가가 이루어졌기 때문입니다.

여기, 안셀무스가 사랑하는 신학이 있습니다. 그는 무릎을 꿇고 그리스도의 몸이라는 성령 충만한 성례전적 삶의 맥락에서 신학을 전개합니다.

구속주의 선하심을 맛보라. 구세주를 향한 사랑으로 불붙으라. 수액보다 더 달콤한 송이꿀 같은 그분의 말씀을 씹으라.……구세주의 살과 피를 받을 때 그것을 씹고 물고 빨고 마음으로 삼키라. 그것을 일용할 양식, 식량, 간식으로 여기라.……주께서는 내게 해처럼 빛을 비추셨고 나의 상태가 어떠한지 보여주셨으며, 나를 짓누르던 무거운 짐을 벗겨 주셨습니다.……구부러진 나를 주의 목전에 곧게 세우시고 이렇게 말씀하셨습니다. "기운을 내라. 내가 너를 구원하였다. 너를 위해 내 생명을 주었다."……당신께서 나를 만드셨으니 나의 사랑을 전부 바쳐야 마땅합니다. 당신께서 나를 구원하셨으니 나의 전부를 드려야 마땅합니다. 당신의 약속이 너무나 크시니 나의 존재의 전부를 드려야 마땅합니다.……주여, 주께 기도하오니 지식으로 맛보는 바를 사랑으로도 맛보게 하소서. 지성으로 아는 바를 사랑으로도 알게 하소서. 나의 전 자아 그 이상을 주께 드려야 마땅하오나 내가 가진 것은 나의 자아뿐이고 그것조차도 혼자 힘으로는 주께 드릴 수 없습니다. 주님, 온전한 사랑으로 나를 당신께 이끄소서. 당신이 창조하셨기에 온전히 당신의 소유이오나, 사랑하심으로도 온전히 당신의 소유가 되게 하소서!

2009년 4월 25일, 캔터베리 대성당에서 열린 감사성찬례에서 전한 설교. 그 자리에는 캔터베리의 성 안셀무스 소천 900주년을 기념하기 위해 노트르담 베크 수도원 원장과 수녀원장이 참석했다.

Meister Eckhart, 1260~1327?

마이스터 에크하르트

신성의 신비

마이스터 에크하르트는 어떤 인물이었을까요? 우리는 그의 이력을 자세히 알지 못합니다. 그는 독일 중부 지역 출신이었던 듯하고, 생애 후반부에 고향으로 돌아갔습니다. 그가 파리 대학에서 한동안 공부했고 그곳에서 가르쳤다는 사실은 잘 알려져 있습니다. 상당 기간 동안 작센주 도미니크 수도회의 수장이었다는 것도 알려진 사실이지요. 그의 글 여기저기서 당시 그의 평판에 대한 몇몇 암시를 찾을 수 있습니다. 에크하르트는 자신의 말이 논란의 소지가 있게 들린다는 것을 알았고 그것을 농담거리로 삼기도 했습니다. 그는 1327년경에 세상을 떠났는데, 당시 그는 어려움에 닥쳐 있었습니다. 당대의 까다로운 정통주의자들이 그를 이

단으로 정죄할 극적인 증거를 찾아 그의 출간된 설교와 논문들을 꼼꼼히 살피고 있었습니다.

이후 교회사에서 나타나는 에크하르트에 대한 평판은 언제나 다소 모호했습니다. 그의 글은 어렵고, 논란이 될 만한 내용이 들어 있으며, 독자의 우려를 심각하게 여기지 않는다는 인상을 종종 주었습니다. 그러면서도 그는 다소 기이하게 들리겠지만 종교개혁의 찬반 세력 모두에게 간접적으로 막대한 영향을 끼쳤습니다. 루터는 에크하르트가 가르친 제자들의 많은 글을 읽었습니다. 영적 생활에 관한 루터의 글 일부에서 그것을 확인할 수 있습니다. 마찬가지로, 에크하르트는 종교개혁의 반대쪽 극단에 있던 16세기 스페인 신비주의자들에게도 복잡하고 우회적인 방식으로 영향을 끼쳤습니다.

16세기 이후로 사람들은 에크하르트의 글을 많이 읽지 않았고, 읽는다 해도 제대로 이해하지 못한 경우가 많았습니다. 19세기 말과 20세기 초에는 그의 글이 아주 엉망으로 편집되어 나왔습니다. 에크하르트는 자신을 도미니크회 수도복 차림의 불교 신자 정도로 생각한 일부 사람들에게 호소력을 발휘했고, 다소 혼란스러운 연구의 주제가 되었습니다. 그런 연구에서는 에크하르트가 창조된 영이 하나님 안에 흡수된다는 견해를 가졌다고 보았습니다.

20세기 중반에는 그의 저작들이 대단히 진지한 연구들—위대한 러시아 정교회 신학자 블라디미르 로스키 Vladimir Lossky, 1903-1958

의 획기적인 연구서를 포함하여—과 더불어 더 나은 판본으로 나왔습니다. 그 결과 에크하르트의 평판은 느리지만 확실하게 그늘에서 벗어나기 시작했습니다. 그가 대체로 편안하게 쓴 독일어 설교뿐 아니라 라틴어 설교 일부와 라틴어 저작—그의 전문 철학 논문—까지 관심을 받게 되면서 정통 가톨릭 신자로 자처하던 그에 대한 보다 균형 잡힌 그림이 만들어졌습니다.

하지만 그의 책을 임의로 골라 한 단락을 펼쳐서 읽을 때 '정통 가톨릭 신자'라는 생각이 제일 먼저 떠오르지 않는다고 해도 이상하지는 않을 것입니다. 그는 한 설교의 제목을 "피조물들이 어떻게 하나님인가"라고 붙였는데, 이는 예민한 그리스도인이 반길 만한 제목은 아닐 것입니다. 그의 문체는 구어적인 편안함과 극도로 복잡한 전문성의 비범한 조합을 보여줍니다. 그가 인기 있는 설교자였던 이유를 쉽게 알아차릴 수 있습니다. 그처럼 일반인들의 언어로 정기적으로 글을 쓰고 설교를 할 수 있었던 위대한 중세 신학자는 소수에 불과했습니다.

이것은 대수롭지 않은 일이 아닙니다. 가령 토마스 아퀴나스가 공적으로 라틴어 이외의 다른 언어를 한마디라도 한 적이 있었는지는 알려진 바 없지만, 에크하르트가 중부 독일의 교구들을 대상으로 현지어를 사용하여 설교했다는 것은 분명합니다. 그가 많은 소규모 평신도 공동체의 영적 지도자였다는 사실과 당대의 평신도 여성 공동체 형성에 상당한 영향력을 행사했다는 사실도 잘 알려져 있습니다. 저지대 국가들에서 베긴운동Beguine movement

(12세기 유럽에서 자발적으로 생겨난 평신도 여성 수도회. 순결과 청빈을 추구했고 서민과 가난한 계층까지 참여할 수 있었으며 가난한 사람들을 위해 봉사했다. 교회는 처음에 베긴 공동체를 인정했으나, 14세기에는 이단으로 규정하고 탄압했다—옮긴이)이 시작된 것도 에크하르트 같은 인물들로부터 어느 정도 영감을 받은 일인데, 이들은 느슨한 공동의 기도 규칙 아래 함께 사는 평신도 공동체의 스승과 인도자 역할을 할 준비가 되어 있었습니다. 이처럼 에크하르트는 전문 신학자이면서도 "현실과 동떨어진 무력한 교수"는 아니었습니다. 그렇다고 그가 읽기 쉬운 작가라는 뜻은 아닙니다. 이제 바로 본론으로 들어가서 하나님을 생각하는 방식에 대한 에크하르트의 중심 개념 중 하나를 설명해 보겠습니다. 에크하르트는 몇 번이나 하나님과 그가 말하는 신성 Gottheit — 영어의 'Godhead'나 'Godness'에 해당하는 독일어 단어—을 구분할 것을 제안합니다. 그가 볼 때 '하나님'은 [신성이라는] 신적 신비가 우리에게 다가오는 행위에 붙인 이름입니다. 그러나 신성 Gottheit, Godness 이라는 그 무엇에 대해서 우리는 절대적으로 아무것도 말할 수 없고, 절대적으로 아무것도 알 수 없습니다. 신성은 하나님으로 존재한다는 것에 대한 철저한 신비 그 자체입니다. 에크하르트는 이것을 대양, 텅 빈 심연, 그리고 (아마도 가장 매력적인 비유일) 물이 끓어 넘치는 냄비 등으로 다양하게 묘사합니다. 신적 생명은 펄펄 끓는 냄비이고 창조 세계로 흘러넘칩니다. 에크하르트는 라틴어 단어 'ebullition'— 끓어 넘치시는 하나님—을 즐겨 사용합니다. 하나

님은 이 신비로운 심연에서 솟구쳐 올라 창조 세계로 흘러든 존재이고, 우리는 이미 이 신적 생명과 하나님의 존재 안에 신비로운 방식으로 포함되어 있으며 언제나 그럴 것입니다.

그러니까 신성이라는 이 이상하고 신비로운 수준에서는 모든 것이 이미 하나님의 마음 안에 있다는 것이지요. 하지만 하나님의 마음mind에만 있는 것이 아니라 어떤 식으로든 그분 안에 있다는 뜻입니다. 여기서 우리는 적절한 단어를 찾아야 합니다. 우리는 하나님의 심장heart 안에 있고, 하나님의 존재 안에 있고, 하나님의 용솟음치고 활발하고 헤아릴 수 없는 심연 안에도 있습니다. 이 심오하고 신비로운 내면 안에 모든 것의 가능성이 존재합니다.

그리고 이 격동하는 내면의 신적 생명으로부터 구체적인 신적 활동이 흘러나옵니다. '신성'에 관해서는 우리가 아무 말도 할 수 없지만, 하나님에 대해서라면 무엇보다 성부, 성자, 성령을 말할 수 있고, 창조주와 구원자라고도 말할 수 있습니다. 에크하르트가 이를 두고 하는 말을 들어 보십시오.

물 한 사발을 가져다 그 안에 거울을 넣고 해 아래 둔다. 해는 표면과 심연 모두에서 광선을 내보내면서도 줄어들지 않는다. 거울이 반사하는 것은 해이지만, 그것은 반사된 상일 뿐이다. 하나님의 경우도 마찬가지다. 하나님의 본성과 존재, 신성은 영혼 안에 계시지만, 그분 자체는 그 안에 계시지 않는다. 하나님 안에 있는 영혼이 반사하는 것은 하나님이지만 그것은 반사된 상일 뿐이다. 모든 피조물이 '하나님'을 말할 때 그분은 모습을 드러내고 존재하신다. 내가 신성의 기반에, 바닥에, 신성의 강과 샘에 존재했을 때 누구도 내게 어디로 가는지 무엇을 하는지 묻지 않았다. 내게 질문을 던질 사람도 없었다. 내가 흘러 나갔을 때, 모든 피조물은 '하나님'을 말했다!

이렇게 우리가 하나님의 마음 안에서, '신성'의 신비로운 심연 안에서 막연히 헤엄치기 시작하면 하나님께서는 활동하십니다. 하나님은 피조 세계와 자신을 구분하시고 그곳에는 내가 있습니다. 하나님과 분리되고 구별되었기 때문에 나는 '하나님'을 말할 수 있습니다. 에크하르트는 우리에게 아름답고 다소 불교적인 거울의 이미지를 제시합니다. 해는 거울 안에 있지만 거울은 해가 아닙니다. 그가 이 비유로 말하는 것은 하나님이 처음에 거대하고 불확정적인 존재의 수프였다가 삼위일체와 창조주로 바뀌었다는 뜻일까요? 가끔 그렇게 말하는 것처럼 들릴 때가 있기는 하지만, 저는 그렇게 생각하지 않습니다. 우리가 모종의 이어지는 단계들에 대해 말하는 것이 아니라, **이해의 수준들**에 대해 말한다는 것이 그의 말뜻인 것 같습니다.

그의 라틴어 텍스트가 여기서 다소 도움이 됩니다. 라틴어에서 그는 하나님에 대한 두 가지 사고방식을 구분합니다. 그는 하나님을 '이름 붙일 수 없는'innominabilis 분이라고 말하는가 하면 반대로 '모든 이름을 붙일 수 있는'omninominabilis 분이라고도 말합니다. 하나님은 이름이 없는 동시에 모든 이름을 가지고 있습니다. 하나님은 너무나 신비로우셔서 어떤 단어도 그분에게 적용될 수 없습니다만, 너무나 풍요롭고 다양하게 존재하셔서 어떤 단어라도 그분에게 적용될 수 있습니다. 어떤 이해의 수준에서는 우리가 할 수 있는 말이 전혀 없습니다. 무한한 어둠이시자 무한한 빛이신 무한한 생명에 대해 우리는 그 어떤 말도 할 수 없습니다. 하지만 그 생명은 성부와 성자와 성령 그리고 창조하시고 구원하시는 생명으로 구체적이고도 실제적으로 존재하십니다. 하나님이 세우시고 관여하시는 창조 세계는 그 생명이 하나님의 하나님 되심에 의해 완전히 정해지기 때문에 모든 이름과 모든 실재는 하나님께 흘러가고 그분을 가리킵니다.

제가 말한 대로 이것은 에크하르트의 가르침 중에서 가장 어렵지만, 가장 중요한 부분이기도 합니다. 우리가 어떤 유용한 단어조차 찾을 수 없는 신비로운 내적 생명인 '신성'과 하나님과 피조물을 구별하고 우리에게 나타나셔서 스스로를 성부, 성자, 성령으로 계시하시는 '활동'의 차이를 말입니다.

이것은 오늘날 우리가 하나님을 섬기고 그분께 기도하려 할 때도 명심해야 할 중요한 구분입니다. 우리는 하나님이 무엇을 하시는지에 대해서는 말할 수 있지만, 하나님이 어떤 존재인지는 말할 수 없습니다. 삼위일체나 창조주로서의 하나님의 생명이 부차적이거나 피상적이라는 말이 아닙니다(앞서 말한 대로, 에크하르트가 가끔 그런 인상을 주기는 합니다). 밖으로 드러난 이런 겉모습이면에는 완전히 가려진 배후지와 같은 무언가가 있습니다. 우리로서는 하나님이 아시는 신적 생명의 내용을 결코 사고의 대상으로 삼을 수 없습니다. 우리는 하나님이 삼위일체와 창조주와 구속주의 생명 안에서 이 모든 신적 생명의 바다를 '활성화'하실 때 하나님을 만나고, 그렇게 활성화된 하나님의 모습에 대해서 모종의 그림을 형성할 수 있습니다. 그러나 성부로부터 흘러나오는 말씀이신 하나님의 영원한 실재 안에서 살게 되면, 우리는 하나님의 존재에 대한 하나님의 내적 관조와 기쁨의 물결에 그저 휩싸이게 될 것입니다. 차마 우리가 어떻게 한쪽으로 물러서서 그분을 사고의 대상으로 바꿀 수 있겠습니까?

2000년 6월 27일, 브리스톨 클리프턴에 있는 '올 세인츠 교회'에서 교회 연합에게 한 강연. "마이스터 에크하르트의 영적 저술들"에서 발췌.

Thomas Cranmer, 1489~1556

토머스 크랜머

"하나님의 말씀은 매어 있지 않습니다."

⑦

크랜머의 예전禮典적 표현 방식을 과장된 반복 정도로 매도하는 것이 한때 유행이었습니다. 사람들은 크랜머와 그의 동료들이 너무나 좋아했던, 메아리치듯 이어지는 문구들을 과장과 반복의 전형적 사례로 자주 제시했습니다. "온전하고 완벽하고 충분한 희생, 헌신, 만족", "우리 비참한 범죄자들에게 자비를 베푸소서. 자기 잘못을 고백하는 자들을 살려 주소서. 참회자들을 회복시키소서", "위험에 처하고 곤궁하고 환란을 만난 자들을 구원하시고 도우시고 위로하소서", "인도하시고 거룩하게 하시고 다스리소서." 그리고 빠뜨릴 수 없는 구절 하나, "흙은 흙으로, 재는 재로, 먼지는 먼지로."[1]

예전적 금욕주의자들은 이미 한 말을 되풀이하고 한 번 지나간 땅을 다시 밟는 대신 할 말을 단번에 하는 것이 왜 그렇게 힘든 일이냐고 물을 것입니다. 그리고 같은 맥락에서 많은 사람들은 공동기도서의 성찬식 순서를 불평한 자들의 논리를 떠올릴 것입니다. 그들은 성찬식을 거행할 때 참회를 넘어 확신과 감사로 나아갈 수 없다고 말했습니다. 하나님의 풍성한 자비를 거듭 확언한 뒤에도 자신의 죄악된 상태를 기억하라는 촉구가 끊임없이 이어졌기 때문입니다.

우리가 이런 반응에서 완전히 벗어났는지는 잘 모르겠습니다. 하지만 적어도 우리는 직선적으로 말한다고 해서 예전禮典의 문제가 해결되진 않을 것임을 깨닫기 시작했습니다. 고故 헬렌 가드너가 오래전에 말한 대로, 예전은 드라마일 뿐 아니라 서사시이기도 합니다. 그것은 모든 것을 결정하는 단일한 절정으로 가차 없이 치닫기만 하는 것이 아니라 크게 한 바퀴를 돌면서 아직 말하지 않았거나 끝나지 않은 것들을 인식하고, 온갖 종류의 숨겨진 리듬들이 다양한 방향에서 끌어당기는 이야기를 이룹니다. 크랜머가 구사하는 것과 같은 예전적 언어는 영원히 둥지를 틀지 않는 새처럼—좀 더 선명한 이미지를 제시하자면, 먹이를 덮치러 급강하하지 않는 맹금류처럼—의미 위를 맴돕니다.

하나님의 말씀은 매여 있지 않습니다. 하나님이 말씀하시자 세상이 만들어지고, 하나님이 말씀하시자 성육하신 말씀에 의해 세상이 다시 만들어집니다. 그리고 우리 인간의 말은 하나님 말씀의 결과를 따라잡는 데 어려움을 겪습니다. 우리에게 필요한 것은 하나님의 말씀이 이룬 일과 이루고 있는 일을 결정적으로 포착해 낼 인간의 말이 아니라, 이 실재를 헤아리는 데 얼마나 많은 시간을 들여야 하는지 깨닫게 할 말입니다. 이 말은 우리가 고만고만한 관점들에서 돌이키고 자리를 옮겨 말씀의 빛이 분명히 드러난 세상에서 빛과 그림자의 패턴이 어떻게 나타나는지 알아차리도록 해줄 것입니다.

예수를 육신이 되신 말씀으로 가장 명백히 제시하는 복음서에 이와 동일하게 선회하고 맴돌고 요약하는 스타일이 가장 두드러지게 나타나는 것은 우연이 아닙니다. 마치 인간의 언어는 절대 '최후의' 말이 될 수 없다는 듯 말이지요. 네 번째 복음서의 기자는 "그것을 낱낱이 기록한다면, 이 세상이라도 그 기록한 책들을 다 담아 두기에 부족할 것"이라고 말하면서 인간의 언어로 결코 마무리할 수 없는 복음을 마무리하기를 포기합니다.

시인들은 종종 자기만의 언어, 자기 목소리를 전달할 '용어'를 다시 만들어 냅니다. 셰익스피어가 말년에 쓴 희곡들은 상상력의 한계에 이른 그가 프로스페로를 통해 자신의 모든 언어의 해체와 그동안 이룬 마법의 죽음에 대해 말하는 내용을 담고 있습니다. 예이츠는 자신의 시적 음성을 고통스럽게 재창조하여 그의 표현에 따르면 "벌거벗은" 모습으로 제시합니다. 엘리엇은 『사중주 네 편』의 한 유명한 대목에서 세련되고 대단히 절제된 아름다운 구절을 쓰고 바로 이어서 인정사정없이 이렇게 말합니다. "그것은 한 가지 표현 방식이었다." 이들은 각기 다른 방식으로, 언어는 필연적으로 스스로를 반영하고 스스로의 성취와 실패를 통해서 말하고 모든 단어로 스스로에게 새로운 과제를 부여한다는 것을 상기시킵니다. 그리고 우리는 무엇보다도 하나님에 대해 말하려 할때 한계를 인식하고 회개하는 자세를 갖추라는 요구를 받습니다. "그것은 한 가지 표현 방식이었다"라는 태도가 필요합니다. 우리는 해야 할 말을 아직 하지 못했고 결코 다하지 못하겠지만 계속 말해야 합니다. 우리가 스스로를 속이고 다 끝냈다고 생각하는 일이 없도록 말이지요.

그러니까 새는 맴돌아야지 내려앉거나 공격해서는 안 됩니다. 크랜머는 대다수의 논객들이 상대를 죽일 듯 공격하는 것을 목표로 삼던 논쟁의 시대 한복판에서 살았습니다. 물론 여기서 우리는 오해하거나 현대적 해석에 빠지지 않도록 주의해야 합니다. 아무리 상상력을 발휘하더라도 우리는 그가 진리에 개의치 않는 사람, 그리스도교 교리에 대한 모든 표현이 똑같이 타당하다고 여긴 사람이라고 생각할 수 없습니다. 그는 스티븐 가디너 윈체스터 주교 같은 적수를 상대할 때 타협을 모르는 맹렬한 싸움꾼의 면모를 보여주었습니다.

하지만 그는 논쟁가로 활동하면서도 참회하는 감수성이 엿보이는 언어를 구사합니다. 마치 이렇게 말하는 것 같습니다. "그렇다. 이것이 진리다. 이것이 말씀이 요구하는 순종이다. 그러나 무슨 일이 있어도 해야 할 말을 분명히 정했다면, 우리는 여전히 참을성을 가지고 천천히 공들여 우리의 말을 빚어야 한다." 우리의 과제는 압도적으로 단순한 정답을 내놓는 것이 아니라 우리를 현재의 각도에서 끌어내어 빛나는 실재로 이끌어 줄 말로 된 구조물을 제시하고 안내하고 세우는 것입니다. "온전하고 완벽하고 충분한"[2] 피상적인 귀를 가진 사람은 이 구절의 각 단어가 다른 어떤 단어로 대체 가능한 것처럼 들릴지 몰라도, 이 단어들은 각각의 고유한 울림과 방향성을 가지고 우리를 신비로 이끌어 줍니다. 다들 서서히 깨닫겠지만 이 중 한 단어라도 없어선 안 됩니다.

우리는 크랜머의 비#예전적 산문에서 그의 이런 특징이 초래한 가슴 아픈 결과를 볼 수 있습니다. 그가 헨리 왕에게 앤 불린과 토머스 크롬웰을 옹호하는 가망 없는 편지를 썼을 때, 그 안에 담긴 복잡한 문장들과 감정들에서는 용감해지려고 노력하는(그래서 더 용감했다고 할 수 있습니다) 천성적으로 소심한 사람의 모습뿐 아니라, 자신이 속았을 가능성을 염두에 둘 수 있고 세상을 이중적 관점에서 볼 수 있는 거북한 능력을 갖춘 사람의 모습까지 보입니다. 두 편지 모두 사실상 이렇게 말합니다. "저는 이 사람에 대한 진실을 알고 있다고 생각했습니다. 제 생각이 틀렸다면, 저는 결코 속을 수 없다고 생각한 부분에서 속은 것입니다. 잉글랜드의 왕께서는 도대체 어떻게 종들의 마음을 아실 수 있습니까? 제 눈에는 제가 늘 보던 것도 보이고 그것이 줄곧 거짓이었을 가능성도 보입니다. 이 세상이 우리가 서로를 죽일 만큼 확신을 가질 수 있는 곳입니까?"

말년의 크랜머에게 이것은 저주였습니다. 남을 죽일 만큼 충분한 확신을 갖기 어려웠던 그에게 자기 목숨을 내어놓을 만큼의 충분한 확신이 있었을까요? 늘 선회하고, 맴돌고, 단어를 시험하고, 생산적인 긴장 안에서 단어들을 서로 따지고, 참회와 자기 성찰의 실재를 글로 구현하려 했던 그의 마음의 습관이 정신의 고립과 혼란, 위협과 유혹 한복판에 있던 그를 기나긴 고뇌로 몰아넣었습니다. 그 고뇌가 마침내 끝난 시점은 빗줄기를 뚫고 화형대로 허겁지겁 비틀대며 가는 마지막 걸음을 내딛기 몇 분 전이었습니다.

어떤 말이 자신의 분투를 요약해 줄지 모르는 상태에서 두 가지 상충된 내용의 최후 공개 고백문을 작성한 그를 생각하면 놀랍습니다. 그러나 마지막 순간에 그는 균형과 논증과 반론이 수북이 쌓인 말의 구름에서 벗어난 것 같았습니다. 그 순간 그에게 분명했던 것은 죽음과 심판을 앞두고 거짓말을 할 수는 없다는 생각뿐이었는지도 모르지요.

크랜머는 자신이 "많은 거짓된 내용을 썼고" 그 사실을 인정하지 않고는 하나님을 대면할 수 없다고 고백합니다.[3] 그는 자신의 마음을 하나님께 숨길 방법을 찾을 수 없었습니다. 종교개혁 덕분에 보게 된 하나님, 사람들의 행위나 말에 결코 매이지 않고 은혜를 거저 주시는 은혜의 하나님께 오래전에 자신의 마음을 드렸음을 깨달았습니다. 그의 상대는 일련의 말로 포착할 수 없는 하나님, 인간 언어로 묘사하려면 가장 꼼꼼한 회의론과 가장 공들인 표현이 필요한 초월적으로 거룩하신 하나님이었기에, 그는 말만으로 구원받을 수 있는 것처럼 가장할 수 없었습니다. "우리가 그분을 부인하면, 그분도 우리를 부인하실 것이다." 그는 회개해야 했고 자신의 회개를 입술만이 아니라 목숨으로 보여야 했습니다. "제 마음에 어긋나는 글을 쓴 데 있어서 제 손의 죄가 가장 크므로 제일 먼저 벌을 받아야 합니다."[4]

마지막 순간에 언어가 기대를 저버린 것을 발견한 신학자는 크랜머만이 아닙니다. 아퀴나스는 뇌졸중을 겪은 후 자신이 쓴 모든 글이 지푸라기처럼 보인다고 말했습니다. 칼 바르트는 어느 인터뷰에서 자신의 『교회교의학』을 꾸밈없고 장난스럽게 요약했습니다. "예수 사랑하심을 성경에서 배웠네." 그러나 바르트도 아퀴나스도 하나님에 대해 말하려고 몸부림치는 경험 가운데 인간의 언어가 넘어갈 수 없는 한계를 발견하는 것 외에는 이런 단순함, 말문이 막히는 상태에 이르는 다른 길이 없다고 말했을 것입니다. "하나님의 말씀은 매여 있지 않습니다."딤후 2:9 말의 한계점에서 우리는 겨우 온전한 복음의 시작점에 서 있게 될 뿐입니다.

그래서 크랜머는 평생에 걸쳐 진리의 말씀을 옳게 분별하는 기술과 균형 감각을 발휘한 끝에 가혹하고도 적절한 결론을 내립니다. 성육하신 말씀이 알려 주시고 불붙여 주실 때, 말의 한계를 언제나 넘어서시는 하나님에 대한 깨달음이 우리의 말에서 조금씩 드러나게 된다고 말입니다. 수사적으로 과도한 반복과 리듬은 하나님을 인정하는 기본적으로 단순한 행위를 장식하거나 위엄 있어 보이게 하려는 우아한 놀이가 아닙니다. 그것은 우리를 우리 지략의 한계점으로 데려가기 위한 수단입니다. 성찬식에서 참회로 끈질기게 되돌아가는 것이 신경증적 확신 부족 때문이 아니라, 우리가 구원받은 죄인이라는 상태에서 한 걸음도 '앞으로 나아가지' 못한다는 진리의 냉철한 표현인 것처럼 말입니다. 그러므로 하나님의 거저 주시는 용서에 대한 놀라움도 거듭거듭 표현해야 합니다. 우리의 지략이 끝나는 지점이 바로 믿음의 자리이고, 예배의 언어는 그 지점으로 우리를 데려가야 합니다.

이것은 그 악몽 같았던 시대의 많은 이들과 우리 시대의 순교자들—디트리히 본회퍼, 마리아 스코브소바(1891-1945, 러시아 출신 귀족, 시인, 수녀. 2차 세계대전 당시 프랑스 레지스탕스에 참여. 자신의 집을 많은 유대인의 피난처로 개방하고 그들의 탈출을 돕다가 나치에 체포되어 수용소 가스실에서 처형됨. 동방정교회에서 시성—옮긴이), 자나니 루윔(1922-1977, 우간다의 성공회 대주교. 이디 아민의 폭정과 살육을 비판하다 반역자로 체포되어 처형당했다—옮긴이)—이 그랬던 것처럼 크랜머를 관상적 침묵 이상의 자리인 실제 죽음으로 이끌었습니다. 하나님의 말씀이 매여 있지 않다고 말하는 것은 죽음 자체도 하나님의 살아 있는 말씀일 수 있다는 의미입니다. 성 금요일 끝자락의 침묵에서 단번에 전해진 말씀처럼 말입니다. 크랜머는 팽팽한 균형과 반복으로 절제된 열정을 기도서에 담아 말했을 뿐 아니라 최후의 으스스한 25분에도 말했습니다. 폭우를 뚫고 화형장으로 달려간 그는 최후의 작품, 최후의 예식을 위해 글 쓰는 자신의 오른손을 불꽃을 향해 내밀었습니다. 하나님의 말씀은 매여 있지 않으니, 불길에 들어간 그 손은 우리를 보호하시고 자비를 베푸시고자 내미신 존엄자의 오른손을 나타내는 것 같습니다.

2006년 3월 21일, 공동기도서의 저자 토머스 크랜머 순교 450주년을 기리며 옥스퍼드 동정녀 마리아 대학교회에서 전한 설교.

William Tyndale, 1494-1536

윌리엄 틴들

하나님, 그리고 빚의 경제

⑧

위대한 성경 번역자이자 개혁파 신학자였던 윌리엄 틴들은 신학자로서는 제대로 인정받지 못했습니다. 사람들은 무엇보다 그를 번역자로, 영어로 된 신앙 언어에 최고의 중세 초기 저작에서 볼 수 있는 재미있는 일상어 느낌을 되살려 낸 사람으로 기억합니다. "이렇게 주님께서 요셉과 함께하셨으니 요셉은 운이 좋은 사람이었다." 틴들이 번역한 창세기의 훌륭한 대목 중 하나입니다. 흠정역, 곧 킹제임스 역본을 살펴보면 영어를 다소 자제된 표현으로 바꾸려는 대단히 일관된 틴들의 작업이 자주 눈에 들어옵니다.

그러나 틴들은 재능 있고 간결하고 재미있는 번역가에 그치지 않았습니다. 그는 사회 질서에 관한 심오하고 원대한 비전을 가지고 있었습니다. 틴들이 보기에 하나님은 특정한 사회관계를 통해 세상에 모습을 드러내셨습니다. 교회는 서로를 하나님처럼 대하며 살아가는 자들의 공동체입니다.

교회는 하나님의 거저 주시는 은혜에 빚진 것에 감격한 나머지 서로에게 즐겁고 감사하게 빚진 상태로 살아가는 공동체입니다. 빚과 빚진 상태의 이미지는 틴들의 관심을 크게 사로잡았고, 그는 신약성경의 가장 어려운 비유 중 하나인 누가복음 16장의 불의한 청지기 비유를 다룬 논문에서 이 이미지에 대한 내용을 아주 유창하게 기술했습니다. 하지만 그 대목은 아주 짧습니다. 그는 그 비유를 발판 삼아, 하나님을 우리에게 빚진 분으로 만들려는 그리스도교적 또는 종교적 관행과 사고방식들을 제시합니다. 그에게 이런 행태는 그리스도를 대적하는 일이었습니다.

하나님에 대한 모종의 영향력을 확보하려 하는 종교 활동과 생각의 체계 일체, 곧 "나는 하나님께 시간을 드리는 일을 한순간도 거부한 적이 없다. 하나님이 그 점을 기억하시면 좋겠다"는 식의 태도는 참된 믿음에 독이 됩니다. 뿐만 아니라, 이런 태도는 틴들이 일종의 종교적 전문주의로 여기는 행태로 이어집니다. 우리는 여러 범위에서 전문가적 활동들을 전개하고 탐구하는데 이런 활동들은 아무나 할 수 있는 것이 아니라서 하나님을 우리에게 빚진 분으로 만들 수 있는 수단이 됩니다. 우리는 이런 식으로 하나님이 우리에게 빚진 상태를 보존할 목적으로 종교 기관들을 설계하여 만들고, 그 와중에 우리가 보살펴야 마땅한 다른 사람들에 대한 구체적 형태의 빚은 대체로 무시합니다.

　물론 틴들은 이것을 직설적이고 실제적인 용어로 표현합니다. 가난한 사람들에게 줄 수 있는 돈을 왜 영정미사 성당chantry chapel(미사 기금을 남기고 죽은 연령을 위해 미사를 지내는 소성당—옮긴이)에 기부하여 허비하는가? 자신이 속한 자연적 사회 안에서 공동체를 만드는 것이 우리의 일차적 소명인데 왜 수도공동체에서 일생을 보내는가? 이런 영정미사 성당과 수도회들은 하나님께 빚을 지우려는 종교적 전문가주의의 사례에 불과하지 않은가?

　영정미사 성당이나 수도회에 대한 틴들의 생각이 반드시 옳다고 생각하진 않습니다. 나는 지금 그가 그것들에 그토록 분노한 이유를 알아내려는 것입니다. 내가 볼 때 틴들은 '종교'에 대해 항의했고, 종교라는 영역을 인간 활동의 다른 영역들과 분리하는 것에 항의한 것입니다. 여기, 틴들이 『성경으로 가는 길』A Pathway Into the Holy Scripture에서 한 말을 들어 보십시오.

　　우리는 믿음으로 하나님께 받고, 사랑으로 다시 내어 준다. 우리 이웃의 부[원문 그대로는, '안녕'] 외에는 다른 어떤 것도 고려하지 말고 그리스도의 본을 따라 아낌없이 내어 주어야 한다. 지상에서든 하늘에서든 어떤 보상도 구해선 안 되고, 수사들이 설교하는 것처럼 우리 행위의 가치나 공로를 따져서도 안 된다. 물론 우리는 선행이 이생에서도 내세에서도 보상을 받는다는 사실을 안다. 그러나 순수한 사랑에서 우리 자신과,

우리가 가진 모든 것, 우리가 할 수 있는 모든 일을 원수들에게까지 내어 주어야 한다.¹

틴들은 여기서 마르틴 루터가 좋아하는 개념을 다루고 있는데, 당시에 틴들은 루터의 저작들을 읽고 있었습니다. 예수 그리스도께서 선하시고 관대하신 것은 하나님께 좋은 대접을 받기 위해서가 아니라, 선의 생명이 그분 안에 있기 때문입니다. 그렇다면 그리스도 안에 사는 우리가 선하고 관대하게 행하는 이유는 하나님을 설득하여 좋은 대접을 받기 위해서가 아닐 것입니다. 우리의 선함과 관대함은 우리의 생명에서 나오는 것이고, 어떤 의미에서 우리는 선하고 관대하지 않은 존재일 수 없습니다. 그러면 틴들의 또 다른 교리적 논문 『사악한 맘몬의 비유』*The Parable of the Wicked Mammon*에 나오는 빚진 상태에 대해서 조금 더 살펴봅시다.

그리스도의 복음 안에서는 낯선 생각이지만, 사랑의 명령은 자신에서부터 출발하여 먼저 자신을 섬긴 다음에 다른 이들에게 적용해야 한다고 보는 이들이 있다. 그들 사이의 순서는 명확하지 않다. 사랑은 자기 이익을 구하지 않고, 사람이 자신을 잊고 자기 이익을 다른 사람에게 돌리게 한다. 그리스도께서 자신이나 자기 유익을 추구하지 않으시고 우리의 유익을 구하신 것처럼 말이다. 나 자신이라는 용어는 복음에 없고, 다른 이들보다 더 사랑해야 마땅한 아버지, 어머니, 형제자매, 친척도 없다. 그러나 그리스도께서는 만물 안에서 모든 것이 되신다. 모든 그리스도인은 다른 그리스도인에게 그리스도가 된다. 이웃의 필요 앞에서는 만물의 상속자이자 주인이신 그리스도 앞에서와 마찬가지로 자신의 소유에 대해 권리 주장을 할 수 없다. 당신은 그리스도께 드려야 하는 것을 이웃의 필요를 위해 내놓아야 한다. 당신은 이웃에게 당신의 마음, 당신 자신, 당신이 가진 모든 것과 할 수 있는 모든 일에 대해서 빚진 상태이다. 그리스도께로 인한 사랑은 누구도 배제하지 않고, 차별하지도 않는다.[2]

틴들은 한 걸음 더 나아가, 우리가 바로 앞에 있는 사람들에게 가장 직접적이고 분명하고 우선적으로 빚지고 있다고 말합니다. 그리고 이어지는 구절에서 이렇게 말합니다. "당신이 아는 이웃들을 섬기고 난 후에도 여전히 남는 것이 있고, 그 상태에서 천 마일이나 떨어진 곳의 형제들에게 도움이 필요하다는 소문을 듣는다면, 당신은 그들에게 빚진 자가 된다."[3] 그 다음, 논란의 여지가 많은 주장이 나옵니다. "그렇다. 불신자들이라도 도움이 필요하다면 우리는 그들에게 빚진 자가 된다……."[4]

틴들의 책을 편집한 초기 개신교 신자들은 이 부분을 괄호에 넣었습니다. 그의 말을 그대로 받기에는 좀 지나치다고 생각한 것입니다. 그러나 그의 문체에 담긴 엄청난 에너지에서 느껴지듯, 틴들은 여기서 크게 흥분하고 있습니다. 우리가 다른 사람들에게 정말 빚진 상태라면, 말 그대로 다른 사람들에게 빚을 졌다는 의미이므로 이런 결론이 따라오게 됩니다. 상대가 투르크족이든 교황주의자들이든 개의치 말라는 것입니다. 우리는 그리스도께 빚진 것을 그들에게도 빚지고 있습니다. 우리는 그리스도께 모든 것을 빚지고 있고 그리스도께서는 성부 하나님께 모든 것을 빚지고 있습니다. 그리스도께서 우리에게 모든 것을 허락하시듯 하나님은 그리스도께 모든 것을 허락하시기 때문입니다.

그러면 우리의 출발점으로 되돌아가 보겠습니다. 이것의 당연한 귀결은 우리의 관대함과 선함이 우리 안에 사시는 그리스도의 생명에서 나온다는 것과, 그것이 모두에게 영구적이고 즐거운 빚을 졌다는 태도로 표현된다는 것입니다. 필요가 있는 곳에는 사랑의 빛이 있습니다.

Rowan Williams, Christian Imagination in Poetry and Polity(Oxford: SLG Press, 2004), 8–11에서 발췌. 허락을 받고 다시 게재함.

St Teresa of Avila, 1515~1582

아빌라의 성 테레사

살아 낸 신학

아빌라의 테레사의 생애와 업적에 대한 현대의 관심은 그녀가 이례적이게도 폐쇄된 사회(봉쇄수도원—옮긴이)에 대한 통념에 끊임없이 맞섰다는 데서 부분적인 원인을 찾을 수 있습니다. 하나님의 일에 관해 조언하고 가르칠 수 있는 사람이라는 그녀의 지위는 당대에도 매우 드물고 논란을 야기하는 것이었습니다. 요즘 우리는 여자들이 남자들보다 관상에 자연적으로 더 열려 있고 더 '수용적'이라는 말을 듣습니다. 하지만 16세기의 성직자들은 그런 말을 위험하고 불쾌하게 여겼을 것입니다. 그들은 여자들이 남자들보다 자연적으로 지성이 떨어진다고 보았고, 기도할 때마다 그들의 마음을 채울 말들을 신중하게 제시해 주어야 한다고 생각했습니다. 남자보다 자제력이 떨어지는 여자들이 하나님께 '개방'되고 정해진 구송기도(어떤 기도문을 마음속으로 뜻을 생각하며 입으로 외는 기도. 예로 주의 기도, 성모송, 영광송, 시편, 삼종경, 묵주의 기도 등이 있다—편집자)를 버린다면, 온갖 혼란스럽고 불미스러운 인상들이 그들에게 밀려들 것이라 보았기 때문입니다.

하지만 테레사에게는 더욱 심각한 문제가 있었습니다. 그녀는 유대인 가문 출신이었는데, 당시 스페인에서 유대인 혈통의 사람들은 조직적인 적의와 차별의 대상이었습니다. 15세기 말 무슬림 지배자들을 몰아내고 그리스도교적 국토 회복이 이루어진 후, 스페인의 그리스도교도들은 신앙뿐 아니라 인종에서도 순수성을 보장하려 했고 그 기세는 맹렬해졌습니다. 압력에 못 이겨 그리스도교로 개종한 사람들은 심각한 의심의 대상이 되었고 당국의 조사를 끊임없이 받았습니다(스페인 종교 재판소는 몰래 조상 종교로 돌아가려는 소위 유대인 개종자들의 문제를 처리하기 위해 설치되었습니다).

테레사의 할아버지는 종교 재판소에서 어려움을 겪었고, 테레사 자신도 종교 재판소의 상당한 주목을 받게 됩니다. 그녀는 자신의 유대인 혈통에 대해 직접적으로 말한 적은 없지만, 이 사실을 알고 나면 그녀의 글에 나오는 많은 내용을 이해할 수 있습니다. 그녀는 명예와 가문의 지위와 품위에 몰두하는 일의 위험에 강박적이라 할 만큼 더없이 열정적인 관심을 기울입니다. 그녀는 이렇게 썼습니다. "혈통에 대한 이런 관심이 수녀에게서 보이거든 당장 바로잡게 하고, 사도들 사이에 끼어든 유다가 되지 않을까 두려워하게 하십시오."¹ 여기서 사도들을 언급한 것은 대단히 의도적입니다. 테레사에게 열두 명은 이상적인 그리스도교 공동체의 인원이었고, 이들은 계급이나 혈족의 구분 없이 그리스도와의 우정으로만 결속되어 있었습니다.

그녀에게 우정은 그리스도인의 삶의 기본적 특성입니다. 1536년, 21살의 나이에 들어간 무형의 거대한 공동체는 바깥 사회의 계급 구분이 그대로 유지되었고, 힘 있는 자들이 파벌을 이루고 있었습니다. 그 가운데 영향력이 없고 신분이 낮은 자들은 혜택만을 기대하며 강자들의 비위를 맞추고 있었습니다. 여러 해가 지나면서 테레사는 이런 분위기에 익숙해졌지만, 그러한 현실에 거북함을 느끼고 그리스도와의 '우정'이 있어야 한다는 자각이 깊어짐에 따라 평등을 근간으로 하는 새로운 방식의 공동체 생활을 추구하게 되었습니다. 그녀는 모든 것이 우정에 기반을 두어야 하는 공동체, 모두가 육체노동에 참여하고 출신, 신분, 지위와 상관없이 모두가 존중받는 공동체를 꿈꾸었습니다.

그 공동체의 건물은 적은 에너지로도 유지할 수 있을 만큼 작아야 했습니다. 가난은 대단히 실제적인 문제였습니다. 테레사는 걸맞지 않은 소유물을 맡거나 수녀들이 생계를 위한 노동을 면하게 해줄 기부금을 받는 일을 대단히 꺼려했습니다. 공동체를 향한 테레사의 이런 소망 배후에는 깊은 신학적 비전이 놓여 있었습니다. 그리스도께서 그분의 자유 및 성부와의 친밀함 안으로 우리를 초대하셔서 우리를 그분의 '친족', 곧 가족으로 삼으신다는 것입니다. 그녀는 동료 수녀들을 위해 쓴 흥겨운 크리스마스 캐럴 한 편에서 이 비전을 매우 분명하게 진술하고 있습니다.

> 오늘 우리를 구원하러 오시네.
>
> 우리의 친척이신 목동,
>
> 그분은 전능하시고 더없이 영광스러우신 하나님.
>
> 우리를 감옥에서 끌어내시고
>
> 사탄의 손아귀에서 구해 내시고
>
> 보통 사람의 사촌으로 이곳에서 우리와 함께하시니
>
> 그분은 전능하시고 더없이 영광스러운 하나님.[2]

'신비가'로서의 테레사의 명성에 주눅이 든다면, 그녀의 활동에 나타나는 이 근본 주제를 기억하는 것이 좋습니다. 그녀는 공동체나 교회 안에서 일부 선택된 영혼들에게 우월한 지위를 보장하는 복잡한 영적 위계를 세울 마음이 전혀 없었습니다. 중요한 것은 우리 가운데 오셔서 우리의 모든 것과 함께하시고 친구와 동료 일꾼들을 찾으시는 그리스도와 우정의 습관을 맺는 것입니다. 테레사는 친구가 없는 이들에게 가까이 다가가시고, 힘없는 자들을 하나님 나라의 일로 초대하시는 그리스도의 모습에 놀랄 만큼 충실합니다. 그리고 그녀가 거리낌 없이 인정하는 대로 16세기 스페인에는 가난한 여성 공동체가 할 수 있는 일이 별로 없어 보이지만, 그녀는 모두가 평등하게 존중받는 공동체의 가능성을 증언하는 것이 진정한 사도적 활동이라고 주장합니다. 테레사는 새로 발견된 아메리카의 선교지로 달려가지 않아도 사도직을 수행할 수 있다고 말합니다.

그러면 '신비주의'는 어떻습니까? 테레사는 하나님이 자신의 삶에서 먼저 일하셨다는 심오한 인식이 없었다면 개혁을 시작하지 않았을 것입니다. 그녀가 자신이 경험한 하나님의 활동을 기록한 이유는 주로 권력을 사적으로 행사한다는 당국의 비판을 피하기 위해서였습니다. 그런 비난에 맞서 그녀는 이렇게 말했습니다. "내가 관상과 사명으로 들어간 것은 내가 선택한 일이 아닙니다." 그래서 그녀는 고해 신부들과 종교 재판소를 위해 쓴 초기의 자전적 글에서 자신의 현재 기도 수준을 넘어서려고 애써서는 안 된다고 거듭 강조합니다. 자기 수준에서 충실히 기도하다 보면 하나님이 더 높은 수준으로 데려가실 것이라고 생각했습니다.

정원에 물을 대는 네 가지 방법이라는 유명한 비유도 여기서 나왔습니다. 손으로 물을 떠서 나를 수도 있고, 수차水車를 만들 수도 있고, 정원 쪽으로 개울의 물길을 돌릴 수도 있고, 비가 내리기를 기다릴 수도 있습니다.[3] 첫 세 가지 방법은 에너지를 보존하고 집중시키는 세련된 방법에 해당하고 의식적 노력의 중요성은 뒤로 갈수록 줄어들지만, 그중 어떤 것도 비가 내리게 하지는 못합니다. 비는 정원에 물을 대는 가장 효과적인 방법이고, 결국 사람의 노력에 달려 있지 않습니다. 기도도 마찬가지입니다. 우리는 좀 더 '초점이 맞고' 수용적이게 되도록 노력할 수는 있지만, 궁극적으로는 하나님의 행하심만이 우리 자아를 조화롭게 통합시키고 자아의 혼란을 가라앉히고 자아의 사랑을 단단히 붙들어 줄 수 있습니다.

테레사는 『아빌라의 성녀 데레사 자서전』*The Book of My Life*을 쓰면서 하나님이 자기 인생에 비범하게 개입하신 것—환상과 음성, 황홀경과 (듣기로는) 공중부양으로—에 매료되었습니다. 그녀는 하나님과의 **연합**을 최고의 황홀경으로 여기곤 했습니다. 그러나 자서전을 쓸 당시 그녀는 초기 개혁 활동에 깊이 관여하고 있었습니다. 그때 이미 40대 초반의 중년이었던 그녀는 상상하기도 어려운 격변을 겪고 있었고, 자신이 속해 있는 가르멜 수도회를 원래의 헌신과 일편단심으로 되돌리기 위해 할 수 있는 일과 해야 할 일에 대해 강력한 계시를 끊임없이 받고자 했으며, 자신의 활동을 의심쩍게 여기고 공감하지 못하는 당국과 싸워야 했습니다. 그녀는 자신을 진지하게 받아들이는 사제와 주교들을 찾는 데 어려움을 겪었습니다(그런데 아빌라에서 막 수도원을 연 예수회 사람들은 그녀에게 우정과 지원을 제공했습니다).

하지만 테레사에게는 동등한 수준의 성숙함과 영적 깊이로 그녀에게 깊이 공감하는 동지가 부족했고, 그들과 대화하면서 생각을 다듬고 발전시킬 기회가 별로 없었습니다. 그런 동지는 그녀가 첫 번째 '개혁된' 가르멜 수도회를 설립하고 5년이 지난 1567년에 나타났습니다. 젊은 가르멜 수도사였던 성 맛디아의 요한이 없습니다. 그는 가르멜회에서 테레사의 새로운 운동에 합류하면서 십자가의 요한으로 이름을 바꾸었습니다. 요한은 여러 해 동안 테레사의 고해 신부이자 가장 가까운 조언자였습니다. 그녀가 존경하는 인물은 많지 않은데 요한은 그중 하나였습니다(하지만 그와 함께 있는 것이 늘 편하지는 않았다는 말을 덧붙여야겠습니다. 테레사가 요한을 놀리는 문서가 하나 있는데, 그곳에는 요한이 지나치게 심각하고, 그의 시각이 우울하기 짝이 없다고 기록되어 있습니다).

요한이 테레사에게 가르친 내용은 그녀의 가장 성숙한 작품인 1576년의 『내면의 성』*Interior Castle*에서 볼 수 있습니다. 이 책에서 그녀는 최고의 솜씨와 자신만만한 태도로 기도하고 사랑하는 자아의 성장을 일곱 단계(자서전에서 소개한 네 단계와 달리)로 나누어 제시하는데, 스페인어로는 'moradas'(거처)로 돼 있는 일곱 개의 '숙소'가 종종 'mansions'(대 저택)로 번역되어 엉뚱한 인상을 주기도 합니다. 그녀는 영혼을 거대하고 복잡한 주택, 투명한 수정으로 만들어진 성으로 봅니다. 이 성안에서는 방과 방이 미로처럼 복잡하게 이어지면서 왕이 거하는 중심부로 연결됩니다. 우리는 이 중심으로 가야 하는데, 여행을 위해서는 자신에 대한 지도가 필요합니다. 테레사가 내놓는 것이 바로 이 지도입니다.

단계마다 그녀는 우리에게 주어진 유일한 길은 앞으로 나아가는 것뿐이고, 멈추는 것은 곧 뒤로 미끄러지는 것이라고 주장합니다. 따라서 우리가 가던 길을 멈추고 "이제 파악한 것 같아"라고 말할 수 있는 지점은 존재하지 않습니다. 그렇게 말하는 것은 우리가 아직 시작도 못했다는 확실한 신호이자 약간의 진보마저 허무는 일일 것입니다.

이런 패턴은『아빌라의 성녀 데레사 자서전』에서도 나타납니다. 인간의 활동과 노력에서 하나님의 선물로 점진적 전환이 이루어지지요. 우리는 으레 하나님과 어긋나 있기 때문에 하나님이 영향력을 행사하시면 거북하게 느껴지기 마련입니다. 마치 그분께 알레르기 반응이라도 있는 것처럼 말이지요. 하나님의 임재는 너무나 낯설기 때문에 심리적으로나 신체적으로 기이한 일들이 일어납니다. 그러나 테레사는 이런 현상이 과도기적인 것이라 여깁니다. 총천연색의 화려한 '신비체험'은 그 자체가 목적이 아닙니다. 그녀는 표면적으로 나타난 하나님의 은혜의 작용에 과민 반응하지 말라는 십자가의 요한의 경고를 온전히 이해했고, 하나님과의 연합은 우리의 평범한 인식에 흔히 가려진 영혼의 심연에서 벌어지는 일임을 아주 분명히 밝힙니다. 하나님과의 연합은 비범하고 초자연적인 경험으로 드러나는 것이 아니라, 온전히 하나님을 중심에 놓고 이 세상 **안에서** 살아가는 능력으로 드러납니다. 연합 안에서 여러분은 하나님의 압도적 실재를 간헐적으로 의식하거나, 개념과 감정의 압도적 '공백 상태', 곧 모든 것을 넘어서는 광대함을 인식하게 될 것입니다(그녀는 "모든 정신 기능이 사라진다"[4]고 표현합니다. 모든 특정한 감각과 생각이 사라집니다). 그러나 한편으로 여러분은 자신에게 요구되는 일을 차분하고 효율적으로 수행하면서 자기 길을 걸어갈 것입니다.

그런데 테레사는 적어도 세 가지 측면에서 십자가의 요한을 넘어섭니다. 첫째, 그녀는 과도기에 경험할 수 있는 여러 일에 대한 훨씬 더 자세한 분석과 비범한 현상들에 대한 목록을 제시하고, 중요한 것과 중요하지 않은 것, 참된 것과 거짓된 것을 분별하는 실용적 조언을 제공합니다.『아빌라의 성녀 데레사 자서전』과『내면의 성』모두에서 그녀는 본인의 체험과 다른 사람들에게 수없이 조언했던 경험에 근거하여 말하는데, 가령 다양한 종류의 환상에 대한 그녀의 분석은 그리스도교 영성 문학 전체에서도 매우 귀중한 논의에 속합니다.

둘째, 테레사는 자신의 입장이 기존의 많은 통념과 다름을 온전히 의식하면서 성육하신 예수의 인성에 대한 묵상을 일부러 중단해서는 결코 안 된다고 대담하게 주장합니다. 다른 이들은 사람이 천상의 그리스도, 영원하신 성자와 직접 접촉하는 때가—적어도 그분의 성육한 삶에 대한 묵상을 넘어서야 하는 때가—온다고 썼습니다. 테레사는 특별히『내면의 성』의 여섯 번째 항목에서 그런 조언을 하는 사람들은 자기 안에서 벌어지는 일을 제대로 이해하지 못했다고 용감하게 말합니다. 결국, 예수를 통하지 않고는 누구도 성부께 갈 수 없고, 우리는 천사가 아닌 죽을 몸 안에서 사는 존재입니다. 그러므로 우리는 예수의 **육신의** 생명과 접촉할 필요가 있습니다.

물론 우리가 엄격한 의미로서의 정신적인 묵상을 할 수 없고, 지성으로 정돈된 사색을 할 수 없는 때가 있을 것입니다. 때로는 하나님이 그것을 불가능하게 만드시기도 합니다. 하나님이 우리에게 더 깊은 것을 주시기 위해 의도적인 정신 능력의 사용이 부적절해지는 시간을 허락하신다는 십자가의 요한 및 여러 사람의 생각에 그녀가 반대할 것 같지는 않습니다. 그러나 테레사는 예수에 대해 묵상할 수 있는 비공식적인 방식이 많이 있다고 말합니다. 그리스도의 수난상을 '단순 응시'하는 일과 복음 이야기의 일부에 대한 자연스러운 몰입이 있고, 그녀가 여기저기서 말한 것처럼, 예수께서 매일 우리 곁에 기꺼이 계시겠다는 표시인 성찬 가운데 그리스도께 바치는 사랑의 응시가 있습니다. 이 모든 것을 외면하는 일은 제자로 살아가는 우리에게 치명적입니다. 테레사는 심지어 성육하신 삶의 절대적 중심성을 떠올릴 수 있도록 예수 그림을 소지하고 가끔 꺼내 보라고 조언하기까지 합니다.

셋째, 테레사는 연합의 상태에서 "마리아와 마르다가 함께 예수를 환영한다"는 말을 여러 번 반복합니다.[5] 우리가 성장하면 관상과 활동이 나뉘지 않는 상태에 이르게 됩니다. 그리스도인으로 사는 것은 **하나**의 일을 말합니다. 곧 우리의 모든 경험의 중심에 하나님을 모시고 세상에 존재하는 것입니다. 그 감추어진 중심으로부터 하나님이 주시는 '사명'이 우리의 말과 행동으로 뻗어 나갑니다. 관상은 그 중심으로 향하는 법을 꾸준히 배우는 일이요, 그와 동시에 하나님이 사랑하시는 세상을 향해 돌아서는 일입니다. 다시 말해, 그리스도인으로서의 삶 자체는 성육신의 패턴과 같습니다. 현재의 순간이 하나님 앞에 투명하게 드러나도록 현 순간 속으로 들어가는 것입니다. 우리가 이 온전한 상태를 향해 자라 가는 동안에는 모든 것에서 벗어나 "예수의 품에 안전히" 거하고 싶은 격렬한 고뇌의 시간들이 있을 것입니다. 하지만 지금 거하는 곳 외의 다른 장소를 더 이상 원하지 않고 지금 여기에 참여함으로써 하나님이 일하시도록 맡길 때 거대한 돌파구는 찾아오게 됩니다. 우리는 마침내 하나님께 맞추어지고 관상은 제2의 천성이 되며 우리 삶은 하나님의 행하심을 전달하게 됩니다. 마리아와 마르다 사이의 간격은 더 이상 없습니다.

이렇게 우리는 출발점으로 되돌아옵니다. 테레사의 전 생애, 그리고 우정과 단순함을 구현한 그녀의 공동체의 증언은 몸으로 살아 낸 신학이자 성육신의 신학입니다. 테레사는 사회운동가나 정치가는 아니었지만, 함께하는 삶의 또 다른 모델을 내놓았습니다. 그 모델은 하나님의 환영歡迎이라는 선물과, 침묵과 흠모 가운데 그 선물에 우리 마음을 열어 놓으려는 매일의 노력에 근거하고 있습니다. 이런 삶을 통해 우리는 그녀가 그랬던 것처럼 사회의 불안을 넘어 성자 하나님이 우리 인간과 동일한 조건을 취하심으로 굳건해진 인간의 공통적 친족 관계를 꿰뚫어 보는 법을 배울 것입니다. 우리 사회는 모든 면에서 테레사가 거했던 두렵고 혹독하고 편견에 사로잡힌 환경과 점점 비슷해지고 있습니다. 우리는 이 교회의 박사로부터 이 시대의 불행과 비인간성을 다룰 만한 기도와 공동생활에 대해 무엇을 배울 수 있을까요?

John Milton, 1608~1674

존 밀턴

영웅주의에서 충실함으로

⑩

너무나 분명한 내용으로 시작하자면, 존 밀턴은 글을 중심으로 믿었습니다. 그는 자신의 언어가 심오한 진리를 알리고 전달하여 사람의 마음을 변화시킬 수 있다는 강한 확신으로 글을 썼습니다. 그는 오랜 글쓰기 인생에서 이 확신을 아주 다양한 방법으로 표현했습니다. 풍부한 고전 인유와 춤추는 리듬을 갖춘 초기 시들에서 출발한 그는 막대한—때로는 독설적인—힘을 가진 산문 논객으로 자리매김했고, 공적 영역에서의 자유로운 토론을 지지하여 쓴 그의 변론서는 유럽어로 쓰인 변론서 중 최고일 것입니다. 밀턴은 정부 관리가 되어 사회의 대규모 개혁을 위해 글솜씨를 발휘했습니다. 그러다 충격적인 개인적, 정치적 재난에 이어 돌이킬 수 없는 실명까지 겪으며 막막한 처지가 된 후에는 "인류에 대한 하나님의 뜻이 옳음을 밝히"고자 가장 야심찬 집필에 나섰습니다. 이 작업에서 그는 이전과는 놀랄 만큼 다른 엄격하고 강렬한 시적 문체와 그 어느 때보다 풍부한 은유를 갖추고 천사들의 타락, 삼위일체의 내적 의논, 인간의 마음이 저지른 첫 번째 불순종을 극화했습니다.

밀턴은 올바르게 사용된 말은 이해 가능한 모든 내용을 담아내고 인간에게 허락된 모든 변화를 이끌어낼 수 있다는 생각을 평생 견지했습니다. 위대한 모든 시인이 그렇듯, 그는 모험을 두려워하지 않았습니다. 모험의 결과는 성공적일 때도 있었고 그렇지 못할 때도 있었습니다. 20세기의 가장 뛰어나고 호의적인 밀턴 해석자 중 한 사람인 C. S. 루이스조차도 밀턴의 천국이 호메로스의 올림포스와 너무 비슷해서 불편을 느꼈으며, 그곳에서는 정통 그리스도교의 상상을 넘어서는 초월적 삼위일체 하나님이 격식을 차리는 군주들의 위원회로 바뀐다고 지적합니다. 하지만 밀턴은 상상을 하려면 대담하게 시도해야 한다고 주장하며 다음과 같은 질문으로 자신을 변호했을 것이 분명합니다. "물론 천국의 모습이 그와 같지는 않겠지만, 신화의 표현 방식을 살리는 과제를 회피한다면 어떻게 언어를 가지고 신비에 접근할 수 있겠는가?"

그러나 그는 여느 위대한 시인처럼, 음악, 낭랑함, 풍부한 상징이 포착하지 못하는 무언가가 여전히 있고 가장 운율이 잘 구현된 작품조차도 운율이나 박자로 축소될 수 없는 무언가를 겨우 드러낼 뿐이라는 사실이 분명해지는 지점을 향해 가차 없이 나아 갑니다. 조지 허버트 George Herbert, 1593-1633는 이 지점을 인정하여「희생」The Sacrifice의 경우처럼 침묵을 끼워 넣거나「슬픔」Grief의 경우처럼 '박자, 선율, 시간'을 넘어서는 행을 넣는 식으로 많은 비범한 시에서 의도적으로 리듬의 흐름을 깨뜨립니다.

허버트보다 더 야심만만하고 자의식이 부족했던 밀턴은 이 문제로 씨름했습니다. 일찍이 그가 1650년대에 쓴 잘 알려진「소네트 19번」'이제 내가 앞을 볼 수 없음을 생각하니'의 결론인 "그저 묵묵히 서서 기다리는 자들 또한 그분을 섬기는 자들이다"는 밀턴의 이 씨름을 예언처럼 미리 맛보게 해줍니다. 여기서 그는 눈이 먼 자신이 할 수 있는 일의 한계를 받아들여야 했고, 이어서 다소 머뭇거리면서도 순순히 문학적 용어로 인내와 잠잠함을 권위 있게 칭송했습니다. 하지만 밀턴은 자신이 말할 수 있는 것에 대해서는 여전히 야심만만했습니다.『실낙원』은 그것을 더할 나위 없이 분명히 보여줍니다. 그런데 할 수 있는 말이 더 이상 분명하지 않을 때 그는 어떻게 했을까요?

『실낙원』끝부분에서 천사장 미가엘은 이제 막 타락한 아담의 목전에서 앞으로 벌어질 일을 제시합니다. 하나님이 그분의 백성을 다루시는 영광스러운 역사가 그리스도 안에서 인류를 회복시키시는 장면에 이르기까지 펼쳐집니다. 그러자 아담은 가톨릭교회에서 진행하는 부활 전야 선포의 전조와도 같은 말로 답합니다.

나는 어찌할 바를 모른 채 서 있노라.

내가 범하고 초래한

죄를 회개할 것인가, 아니면 거기서

더욱 많은 선이 솟아날 것을 더욱 기뻐할 것인가.¹

장기적 미래는 보장되었고, 아담은 '더 위대한 사람'이 모든 것을 회복시키실 것임을 압니다.² 하지만 천사장과의 대화가 끝나고 아담과 하와가 낙원을 떠날 때 "그들은 손을 마주 잡고 느린 방랑의 걸음으로 에덴을 지나 쓸쓸한 길을" 갑니다.³ 『실낙원』의 이 마지막 두 행은 대단히 가슴 아픕니다. 미래의 화해는 통보되었지만, 그곳까지 도착하려면 먼 여행을 해야 합니다. 그 사이에는 가야할 바를 알지 못한 채 상실과 외로움의 시간을 견뎌야 하는 수고가 있으며 심지어 지름길조차 없습니다.

아담은 '서' 있습니다. 자신이 초래한 끔찍하고도 심각한 상실과 후손들에게 약속된 막대한 영광을 어떤 말로 화해시킬지 모른 채 묵묵히 서서 기다립니다. 이는 제대로 표현하여 적절한 감정적 반응만 끌어내면 되는 환상이 아닙니다. 아담과 하와는 이제 행복과 화해로 떠나는 여행을 시작해야만 합니다. 그들이 들은 말은 여행길을 걸어가면서 발견해야 할 말들입니다. 아담이 미가엘의 예언을 들은 후 하와를 다시 만났을 때, 하와는 자신도 꿈에서 동일한 메시지를 받았다고 말합니다. 아담은 대답하지 않습니다.⁴ 그는 말없이 낙원을 떠납니다. 아담과 하와에게는 에덴의 가파른

비탈길을 내려가 세상으로 갈 용기를 줄 환상이 주어졌지만, 모든 상황을 파악하게 해줄 말은 아직 주어지지 않았습니다.

우리는 밀턴이 쓴 마지막 시들에서 이 복잡한 과제를 계속 엿볼 수 있습니다. 『복낙원』*Paradise Rgain'd* 전체를 지배하는 정서는 광야에서 예수를 만나고도 그의 정체를 알 수 없었던 사탄의 좌절감입니다. 그는 예수가 실제로 원하는 것이 무엇인지 알 수 없었고, 그중 상당 부분은 우리도 마찬가지입니다. 세상의 구원을 논하는 삼위일체의 위격들을 자신 있게 묘사했던 옛 밀턴의 면모는 물론 여전히 생생합니다. 우리는 예수의 독백으로 그의 어린 시절과 앞에 놓인 상황을 확신할 수 없었던 그의 상태를 알 수 있습니다. 우주적 권력과 인기를 주겠다는 사탄의 제안을 예수께서 거절하는 대목에서는 변덕스럽고 어리석은 일반 대중에 대한 밀턴 특유의 성난 경멸의 분위기가 느껴집니다. 성경적이라기보다는 밀턴스러운 분위기입니다.

그러나 절정은 놀랄 만큼 간결합니다. 사탄은 예수를 성전 꼭대기에 세워 놓고, 조롱 섞인 말을 더합니다.

> 서 있어 보려거든 그래 보시라. 바로 서려면
> 기술이 필요하도다…….
> 부자 관계를 입증하시라. 못 서겠거든
> 뛰어내리시라.[5]

예수의 대답은 압도적으로 짧습니다.

> 기록된 바 주 너의 하나님을 시험하지 말라.
> 그렇게 말하고 그는 서 있었다.[6]

예수께서는 아담처럼 서 계십니다. 그분이 서 계신다는 사실이 사탄의 말에 대한 최후의 답변입니다. 사탄은 예수께서 승리의 침묵 가운데 서 계신 것을 보자 금세 쓰러집니다. 밀턴의 유비는 의미심장합니다. 사탄은 그리스 신화 속 교차로에서 죽음의 수수께끼를 냈던 스핑크스처럼 쓰러집니다. 오이디푸스가 수수께끼의 정답을 말하자, 스핑크스는 이스메노스 절벽에 몸을 던집니다.[7] 예수께서는 서서 사탄의 수수께끼에 답하시는데, 오이디푸스와 스핑크스의 경우처럼 해답은 인간 자체를 정의한 것이었습니다. 그러나 이 정의는 하나님 안에 흔들림 없이 닻을 내린 인간에 대한 정의입니다. 우리 삶에 대한 최종적이고 참된 정의는 위험한 성전 꼭대기, 곧 하늘과 땅 사이에 똑바로 설 수 있는 유일한 존재 안에서 드러납니다.

예수의 이 답변에 담긴 말에는 사탄에게 제시한 그 이전의 답변들에서 볼 수 있던 수사적 정교함이 전혀 없습니다. 중요한 것은 예수께서 땅과 하늘 모두의 토박이로서, 땅과 하늘 사이에 자리를 잡으셨다는 사실입니다. 말은 순전한 증언의 행위 뒤로 밀려납니다. 밀턴이 「소네트」에서 구사한 이전의 언어는 예수의 이 답변에서 훨씬 더 깊은 정박지를 얻습니다. 그리고 이 답변에서 예수의 자기 질문에 대한 답과 예수께서 원하시는 것과 하시려는 일을 알아내려는 사탄의 강박적 시도에 대한 답이 분명히 드러납니다. 예수께서는 무슨 말을 하시고 무엇을 하시든 '서 계실' 것입니다. 충실함은 그분 존재의 흔들림 없는 일부입니다. 그분의 자유와 순종이 뗄 수 없게 서로 이어져 있는 것처럼 말이지요. 그분의 말씀은 이 순전한 승리의 현존의 일부가 됩니다.

　많은 독자가 『복낙원』을 이상하게 불만족스러워하는 이유는 시적으로 놀랍고 도덕적으로 도전적인 이 절정 부분과 많은 관련이 있습니다. 밀턴은 이 문제를 방치하지 않았습니다. 『투사 삼손』Samson Agonistes은 밀턴이 쓴 어느 작품보다 불규칙한 리듬, 어색한 운율 변화, 끊어진 행이 두드러지는데 마치 허버트가 깨달은 것—시가 다루는 실재는 세련되고 매끄러운 형식에 담길 수 없다는 사실—을 밀턴이 마침내 받아들인 것처럼 보일 정도입니다. 하지만 이 이야기의 피비린내 나는 복수의 결말은 곤혹스럽습니다. 삼손은 하나님의 헤아릴 수 없는 정의의 증인으로 서 있는 대신, 대량 학살을 벌여 신적 심판의 대리자가 됩니다.

　그러나 『복낙원』은 여전히 '서' 있습니다. 승리와 정적의 그 순간에 밀턴은 시 자체와 하나님의 구원 행위 모두의 본질을 선언합니다. 시가 온전해지면 십자가와 부활을 일정 부분 재현하고 동시에 유창함과 성공을 포기하여 시의 외피가 더욱더 '얇아지게' 만듭니다. 진리가 그 얇은 외피를 뚫고 나올 수 있도록 말입니다.

『태풍』*The Tempest* 끝부분에 등장하는 프로스페로처럼, 시인들은 자신의 책들을 언제 물에 빠뜨려야 하는지, 수사적 방어막과 자기 말을 온전히 통제한다는 착각을 언제 내려놓아야 하는지 알아야 합니다. 밀턴은 아마도 대부분의 시인과 논객보다 언어를 더욱 신뢰하였기에 개인적으로나 시적으로나 '내려놓는' 것의 대가를 더욱 많이 말할 수 있었을 것입니다.

포기와 꾸밈없는 자연스러운 언어가 하나님이 자신을 알리는 숙어라고 주장하는 믿음이, 밀턴이 이 문제와 대면하는 데 어느 정도나 영향을 주었는지는 헤아리기 어렵습니다. 사도 바울은 그 언어를 십자가의 말씀이라고 부릅니다. 하나님은 영웅적 행위에 의해서가 아니라—삼손 같은 용사를 통해서가 아니라—하나님으로 존재하심으로써, 곧 하나님이 스스로에게 충실하시다는 사실을 구체적으로 보여주는 한 인간의 삶과 죽음을 통해 구원하십니다.

> 어떤 자리,
>
> 습관, 상태, 또는 움직임이든
>
> 하나님의 아들이심을 여전히 표현하네.⁸

시인 밀턴은 자신만만한 연설에서 증인의 부서짐과 모질도록 간결한 언어로 넘어오라는 부름을 결국 회피하지 못합니다. [그리스도의] 제자 밀턴은 영웅주의에서 잠잠한 충실함으로 넘어오라는 부름을 회피하지 못합니다. 그것이 세상을 변화시키는 하나님의 방법임을 알았기 때문이지요. "우리가 그리스도와 함께 죽었으면, 그와 함께 우리도 또한 살아날 것임을 믿습니다."롬 6:8 시인이자 제자였던 밀턴은 여느 위인이나 영웅들만큼 마지못해 이 사실을 직시합니다. 매끄럽지 않게, 마지못해, 그러나 진실하게 직시합니다. 우리도 그렇게 해야 합니다.

2008년 9월 17일, 시인 존 밀턴의 탄생 400주년 기념 예배에서 전한 설교.

William Wilberforce, 1759~1833

윌리엄 윌버포스

도덕적 국가

(11)

지난 천 년 사이에 가장 큰 영향력을 발휘한 영국 시민을 꼽아 달라는 어느 전국지全國紙의 요청을 받은 적이 있습니다. 저는 크게 고민하지 않았습니다. 윌버포스 이외의 다른 사람을 생각하기는 쉽지 않았습니다. 그의 유산은 수백만 명의 삶에 영향을 끼쳤지만, 노예 제도라는 반인륜적 행위에 맞선 그의 투쟁은 재정적, 군사적 지원을 거의 받지 못했습니다. 너무나 많은 것이 한 사람의 개인적 동기에 기초했고, 헌신된 소수 집단만이 그를 격려했기 때문입니다.

저는 그를 지원한 다른 이들의 기여를 과소평가하는 것이 아닙니다. 더 나아가 여러 식민지에서 노예 반란을 이끌어 많은 이들이 이 사안의 절박성을 절감하게 한 사람들을 포함하여, 노예 제도에 맞서 투쟁한 노예들과 해방 노예들이 차지하는 중요성을 무시하는 것도 아닙니다. 그러나 누군가는 꼭 해야 했던 한 가지 구체적인 일—영국 입법부에서의 입법 과정—이 있었고, 그 일을 이루어 낸 사람이 바로 윌리엄 윌버포스였습니다.

예측할 수 있다시피, 윌버포스의 업적을 축소하거나 상대화하려는 시도 곧 그를 과소평가하려는 여러 시도가 그동안 있었습니다. 윌리엄 코빗William Cobbett은 윌버포스의 생전에도 그를 향한 비판을 꾸준히 내놓았고, 헐Hull의 국회의원 윌버포스가 주변의 가난한 사람들보다 먼 나라의 노예들에 더 관심을 기울인다고 주장했습니다. 보다 최근에는 노예 제도 폐지를 향한 그의 열정에 불을 붙인 복음주의 그리스도교가 비난의 대상이 되었습니다. 어떤 이들은 윌버포스가 몸보다 영혼에 더 관심을 가졌고, 노예 제도 폐지 자체보다 복음 전파에 더 신경을 썼으며 심지어 노예 제도를 아프리카인들의 그리스도교 개종을 위한 섭리로 여기기까지 했다고 말했습니다.

그러나 그리스도교가 노예들에게 유익을 준다고 믿었다는 이유로 윌버포스가 은밀한 인종 차별주의자였다거나 노예 제도에 공감했다고 보는 것은 심각한 오류입니다. 그리고 18세기 이후, 그리스도교가 노예 제도 하에서 살던 수많은 사람들에게 노예 제도를 비판할 동력으로 작용했다는 사실은 부인할 수 없습니다. 이것은 윌버포스가 남긴 유산의 불후의 요소들을 어떻게 판단해야 하는지에 대한 포괄적 입장에 중요한 쟁점을 제기합니다.

그 쟁점은 바로 이것입니다. 그리스도교를 제외하면, 18세기에 노예 제도 비판을 이끌어 낸 다른 요인들이 있었을까요? 또는 있을 수 있었을까요? 우리는 계몽주의 시대라는 지적 풍토에서 현대의 자유주의와 민주주의 사상의 가정들이 처음 형성되었다고 생각합니다. 이는 완전히 틀린 생각은 아닙니다. 하지만 세속화를 내세운 당대 저자들 중에서는 노예 제도 폐지 운동에 나선 사람은 물론이고, 노예 제도를 체계적으로 비판한 사람을 찾을 수 없을 것입니다. 프랑스 계몽주의의 자유주의적이고 평등주의적 원리들은 노예 제도를 향해 일말의 타격조차 가하지 않았습니다(혁명 이후 프랑스의 행정부들은 자진해서 노예 해방 쪽으로는 어떤 조치도 취하지 않았습니다). 그 시대의 평등주의는 고대 로마 스토아주의자들의 것처럼 실제 인간관계와는 무관한 지배층을 위한 이론이었고, 서글프지만 편리하게도 당장에는 초보적 정의와 평등마저도 달성할 수 없는 것으로 여겼습니다. 그리고 잊어선 안 될 것이 있습니다. 계몽주의 사상의 몇 가지 측면은 유럽적 사고방식의 규범적 지위와 비유럽인들은 '보통의' 추론 능력조차 없다는 추정에 호소함으로써 인종 차별적 태도를 **강화하는** 결과를 초래할 수 있었다는 점입니다.

무엇이 이런 평등주의를 아쉬운 이론에서 진지한 정치적 행동의 동기로 움직이도록 했을까요? 답은 아주 간단합니다. 그것은 하나님 앞에서 책임을 져야 한다는 확신이었습니다. 윌버포스와 그의 동료들은 그 확신에 붙들려 있었습니다. 그들은 죄악 된 체제가 존재하고 다른 이들뿐 아니라 자신들도 그곳에 연루되어 있다면 그 체제를 끝내야 할 의무가 있다고 믿었습니다. 하나님이 죄를 바라실 리 없으니 자신들이 영위하는 정치, 경제적 조건 자체에 죄가 도사리고 있다면 그 죄를 근절하는 것이 하나님의 뜻이라고 본 것입니다. 여기에 애석함 또는 불가피한 도덕적 타협으로 인한 '비극적' 감정이 들어설 여지는 없습니다. 우리는 이것이 우려스러울 만큼 순진무구한 원칙이라고 생각할 수 있지만, 이 원칙이 노예 제도뿐 아니라 여러 주요한 사회 변화의 동력이 되었다는 사실을 부인할 수 없습니다.

윌버포스의 강력한 통찰 중 하나는 불의가 압제받는 자들을 물리적으로 해치는 것 못지않게 압제자를 영적으로 해친다—이 통찰은 여러 세기 전, 성 아우구스티누스가 제시한 바 있습니다—는 것이었습니다. 윌버포스의 사상에서 알아볼 수 있는 '깨달음'의 한 요소가 있다면, 그것은 그리스도교적인 **현명한 이기심**입니다. 부당하고 불법적인 체계가 단기적으로는 이익을 가져다줄지 몰라도 장기적으로는 영혼을 해치고 파멸시킨다는 인식이지요. 이것은 노예 폐지론자들의 열정을 세련된 이기심으로 축소시키는 발언이 아닙니다. 그리스도교 노예 폐지론자들이 쓴 글만 봐도 그들이 노예제의 잔인함을 얼마나 혐오했는지 알 수 있습니다. 부도덕이 개인 영혼의 건강에 어떤 영향을 미치는지 따지고, 압제자로 하여금 압제 행위로 인해 자신의 인간성이 치명적으로 손상된다는 것과 하나님의 목전에서 자신이 내면의 인간성을 훼손한 과정을 보고해야 한다는 사실을 인식하게 만드는 것은 모든 도덕적 운동의 중요한 요소입니다.

이 요점을 이해하면 윌버포스가 남긴 유산의 핵심 측면 하나를 알아보는 데 도움이 될 것입니다. '사적 도덕'과 '공적 도덕'은 깔끔하게 나뉘지 않습니다. 공적 잘못을 외면하거나 무시한다는 의미에서 "세속에 물들지 않는" 것이 그리스도교적 도덕의 핵심은 아닙니다. 민주주의 국가에서 시민은 국가가 공공의 차원에서 적극적으로 조성하거나 뒷받침하는 정책에 도덕적으로 연루되어 있습니다. 심지어 18세기와 19세기 초의 영국처럼 불완전한 민주주의 국가에서도 그랬습니다.

이런 말을 들으면 윌버포스의 유산이 우려스러워 보이는 이들도 있을 것입니다. 그것은 로비를 하고 도덕적 행동의 기준들을 불신자에게도 강요하는 가차 없는 압력 집단의 활동으로 이루어지는 정치에 힘을 보태는 것이 아닐까요? 윌버포스와 그의 동료들은 사적 도덕에 깊은 관심을 가졌지만 순전히 사적 영역에 속하는 도덕을 공적 입법으로 강요하려 들지 않았다는 것에 주목해야 합니다. 그들에게 있어서 하나님 앞에서 지는 책임은 국법 앞에서의 책임과 같은 것이 아니었으며, 우리는 그것을 의심할 수 없습니다. 그들은 하나님의 법에 순종하려는 신자의 자유로운 결정을 너무나도 강조하기 때문입니다. 윌버포스와 '클래펌파'Clapham Sect가 긴밀하게 관여했던 '공공 도덕' 개혁 운동은 문화의 기풍과 가정에 맞서는 일이었지 법으로 도덕을 강제하려는 시도가 아니었습니다. 사적 도덕은 말 그대로 개인이 자신의 삶을 형성하는 결정을 자유롭게 내릴 수 있는 영역입니다.

그러나 만약 국가가 인류를 향한 하나님의 뜻에 정면으로 배치되는 정책을 국민 전체를 대상으로 법제화하거나 굳어지게 만든다면—이를테면 국가의 노예 제도 승인—그리스도인은 그것에 저항하고 가용한 모든 경로를 통해 공적 영역에서 변화를 촉구할 의무가 있습니다. 이것은 시민 개개인의 선택과 별도로 모든 시민이 연루되는 문제입니다. 개인이 선택하면 되는 문제들과 사회 전체의 경제를 결정하는 데 기여하여 그 경제 안에서 혜택을 보는 모든 사람이 관련되는 문제들은 다릅니다. 그래서 법을 바꾸는 측면에서 그리스도교적 행동주의가 정당화되는 경우는 주로 국가가 모든 시민의 도덕을 손상시키는 때입니다. 그런 상황에서 국가는 도덕적으로 문제가 있는 행동들의 결과에 시민들이 연루되게 만들어 사실상 그들의 자유를 제한하게 됩니다.

이것이 윌버포스가 염려했던 문제의 핵심입니다. 그는 국가가 사적 도덕을 공적으로 강제하길 요구한 것이 아니었습니다. 만약 누가 그런 일을 추진했다면, 윌버포스는 그 정책으로 인해 자기 삶에 대한 사적 선택을 내릴 '자유'의 본질적 측면이 사라지게 된다는 데 동의했을 것입니다. 그는 도덕적 국가, 곧 시민들을 타락시키지 않고 당장의 이익과 안전보다 더 큰 것들을 숙고해야 할 책임이 있음을 인식하는 국가를 세우기 위해 애쓰고 있었습니다. 그는 정부 정책들이 시민들의 도덕적 상태에 직접적 영향을 끼친다는 것을 정부가 이해하기를 원했습니다. 개별 시민은 공공 정책이 만들어 내는 세상 안에서 살아가고, 공공 정책은 공공 생활이나 국제적 삶의 풍조와 그에 관한 일련의 가능성 및 언어와 문화를 만들어 냅니다. 그리고 개인들에게 가능한 것에 관한 범위가 정해집니다. 이 말은 개인이 스스로 선택하지 않은 것들에 대해 직접적이고 전적인 책임을 져야 한다는 뜻은 물론 아닙니다만, 개인의 도덕적 비전의 지평 또는 실제적 가능성이 제한된다는 것은 분명합니다. 공적 분위기에 따라 사람들은 자신이 가진 잠재력보다 못한 존재가 될 수 있습니다.

공공 도덕이 사회 속 개인들의 도덕적 건강 및 행복과 뗄 수 없이 이어져 있고 도덕적 행위의 주체인 개인들은 공적, 집단적 부도덕에 연루됨으로써 더럽혀질 수 있다는 사실을 받아들인다면, 우리는 사실상 국가의 실행 기관들 또한 도덕적인 근거를 묻는 적법성의 문제 제기로부터 면제될 수 없다고 말하는 것입니다. 보편적으로 공유되고 전제되는 도덕적, 종교적 체계가 없는 상태에서 이러한 도전은 일반 대중을 동원하고 그들에게 동기를 부여하여 공공 당국을 압박하는 문제가 될 것입니다. 이는 일반 대중이 하나의 비전(주빌리 2000 운동[1996-2000년에 진행된 빈곤 국가의 채무 탕감 운동. 2000만 명이 서명에 참가했다—옮긴이]과 생태적 문제에 대한 소비자의 압박이 정치적 압박으로 넘어가기 시작한 사례를 생각할 수 있겠습니다)을 받아들여야만 가능한 일이기 때문입니다.

이런 일이 일어나려면 소위 도덕적 전통의 공동체가 공동의 도덕적 사안이 걸린 문제들에서 '자기 인식'과 '자기 확신'을 계속 발전시켜야 합니다(이것을 사적 도덕의 문제들에 대한 초점을 놓친 불운한 운동들과 혼동해서는 안 됩니다. 사적 도덕의 문제들은 입법 과정을 통해 제대로 다룰 수 없습니다).

윌버포스가 정치를 자신의 소명이라고 믿었던 것은 정치는 언제나 그 자체를 넘어 널리 펼쳐져 나가는 것이라고 보았기 때문입니다. 좋은 정치는 상당 부분 국가의 공공 정책이 시민들의 영혼을 더럽혀 하나님 앞에서 그들이 감당해야 할 책임을 흐려 놓거나 복잡하게 만드는 일이 없게 하려고 노력하는 활동이었습니다. 이것은 강력하고 중요한 유산입니다. 지금 영국의 민주주의는 1806년과는 많이 다르지만, 그때와 비슷한 위험들을 많이 가지고 있습니다. 그리고 윌버포스는 지금 우리에게 이런 질문을 던지고 있습니다. "개인적 책임과 사회 정의에 헌신하는 그리스도인들이 국가와 입법자들에게 안위와 이윤보다 더욱 중대한 사안들을 제시하지 못한다면, 그 일을 누가 할 수 있겠습니까?"

2007년 4월 24일, 윌버포스 강연 재단의 초청으로 헐 시청에서 열린 강연에서.

찰스 디킨스

과장의 진실

⑫

인간에 관한 진실을 말하는 작업은 어렵습니다. 모든 소설가는 이 사실을 특별한 방식을 통해 알고 있습니다. 디킨스는 과장하고 희화하고 터무니없는 방식으로 인간의 진실을 말합니다. 그의 작품들에서 곧바로 떠오르는 인물들은 대단히 기이한 존재들입니다. 우리는 그와 같은 사람들을 만난 적이 없다고 말할 것입니다. 하지만 곧이어 다시 생각하게 됩니다.

　진실은 극단적입니다. 진실은 과도합니다. 인간에 대한 진실은 우리가 상상할 수 있는 정도보다 더욱 기괴하고 기이합니다. 디킨스의 너그러운 인간 수용은 냉랭한 의무감에서가 아니라 인간에게는 늘 발견할 것이 더 있음을 기대하는 마음에서 나옵니다.

그의 악당들마저도 활기가 넘칩니다. 조지 오웰은 머드스톤 씨 (데이비드 코퍼필드의 양아버지—옮긴이)가 데이비드 코퍼필드의 불행한 어린 시절에 끔찍한 덧셈 문제를 냈을 때 더블 글로스터 치즈의 개수를 물었다고 지적했습니다. 오웰은 진짜 머드스톤 같은 사람이라면 덧셈 문제를 낼 때 치즈를 떠올리지 않았을 것이라고 말합니다. 이것이 우리가 놀란 눈을 치켜뜬 채 숨을 죽이고 디킨스 작품의 책장을 넘기게 만드는 인간미, 불필요하고 과도하게 느껴지는 인간미의 일부입니다.

디킨스는 부당한 인간관보다는 지루한 인간관을 적으로 규정합니다. 그가 가난하고 궁핍한 사람들을 사랑한 것은 의무감 때문이라기보다는, 그들의 삶이 맥 빠지고 끝장난 것에 대한 분노 때문입니다. 그는 그들이 살기를 원했습니다. 그들이 확장되어 하나님이 뜻하신 바에 걸맞은 존재가 되는 데 필요한 드넓은 자유를 갖추기 원했습니다.『어려운 시절』*Hard Times*에서 디킨스는 생동감과 과도함을 잊고 인간을 정보와 기술을 담는 작은 그릇으로 다루는 교육의 모습을 잊지 못할 그림으로 남겼습니다.

그리고 이렇게 말하면 이상하게 들리겠지만, 그런 기괴한 느낌은 디킨스를 위대한 종교 작가로 만든 요소 중 하나입니다.『예수 그리스도의 생애』*The Life of Our Lord*에서 분명히 드러나듯, 그는 그리스도에 대해 단순하고 감동적으로 글을 쓸 수 있는 사람입니다. 또한『크리스마스 캐럴』*A Christmas Carol*에서처럼 성탄절 이야기에서 발생한 가장 위대한 현대의 신화 중 하나를 남길 수 있는 작가이

기도 합니다. 그러나 그는 전통 종교를 별로 달가워하지 않았고, 그의 관심사였던 인간에 대한 넘치는 축하를 전통 종교로 대체한 이들을 아주 싫어했습니다.

> 채드밴스 씨가 언젠가 스낙스비 씨네 집에서 기도하던 걸 들은 적이 있어요. 하지만 그건 혼자 한 말이지 저한테 한 말은 아닌 것 같았어요. 목사님은 많이 기도했지만 전 아무 것도 알아들을 수 없었어요.¹

채드밴스와 젤리비스를 위시한 디킨스의 잊지 못할 기운 넘치는 위선자들. 이들은 디킨스가 결국 최후의 심판이 내려지기를 바라는 바로 그 사람들입니다.

인간의 정신과 마음에 있는 이 지나친 느낌은 디킨스의 또 다른 면, 똑같이 진지하고 종교적이지만 훨씬 더 충격적인 면으로도 우리를 이끕니다. 디킨스를 유럽의 가장 위대한 상상력의 소유자들과 어깨를 나란히 하는 소설가로 만든 것은 비극에 대한 그의 감각 덕분입니다. 디킨스는 지옥에 있는 사람들에 대해 쓰고, 지옥이 어떤 곳인지 압니다. 그는 은폐, 기만, 자기기만의 감옥에 갇힌 사람들—윌리엄 도릿, 미스터 머들(『작은 도릿』에 등장하는 두 인물—옮긴이), 데들록 부인(『황폐한 집』의 등장인물—옮긴이)—을 묘사합니다. 이들은 스스로에 대한 신화가 깨지게 되면 말 그대로 살 수가 없는 사람들입니다. 디킨스가 그려 내는 활기참의 일부는 우리 모두가 자신에 대한 신화와 드라마를 만들어 감으로써 산다는 사실에 대한 인정입니다. 우리는 자신에 관한 이야기를 들려주고 자신을 위한 대본을 쓰고 그대로 연기하는 것을 좋아합니다.

그러나 그 이야기들과 대본들이 현실과 너무나 동떨어져서 진실을 마주할 때 살아남을 수 없다면 어떤 일이 벌어질까요? 디킨스가 그려 내는 비극은 많은 경우 하나의 신화가 깨어지고 그것을 품었던 사람이 함께 산산조각 나는 끔찍한 순간을 다룹니다. 그리고 그는 기만과 자기기만의 지옥과, 집착의 지옥을 그립니다. 몽크스 씨(『올리버 트위스트』의 등장인물. 주인공 올리버의 이복형으로 올리버의 유산을 가로채려 한다—옮긴이)와 미스 해비셤(『위대한 유산』의 등장인물. 결혼식 날 약혼자에게 버림받고는 그날로 시간이 멈춰 버린 듯 살아간다—옮긴이), 클레넘 부인(『작은 도릿』의 남주인공 아서의 어머니—옮긴이), 브래들리 헤드스톤(『우리 모두의 친구』의 등장인물. 구애가 거절당하자 질투에 사로잡혀 연적을 살해하려 든다—옮긴이) 같은 사람들의 지옥 말입니다. 이 사람들은 자유를 잃어버렸고 디킨스 특유의 활기찬 인간미와 거리가 먼데, 그 이유는 자기 안에 있는 무엇에 갇혀 그것의 포로가 되고 짓눌렸기 때문입니다. 이들은 디킨스가 그리는 비할 바 없는 자기 파멸의 초상화들입니다.

어쩌면 지옥에 대한 이런 묘사들—자기기만, 집착, 자기 파멸—은 디킨스의 고통스러운 자기 인식에서 나온 것일 수도 있습니다. 그는 자신의 삶에서 갈망과 현실, 공적 신화와 사적 수치 간의 간격을 인식한 사람이었고, 넘치는 활기로 스스로를 파멸로 몰아간 사람이었지만, 그 과정에서 비범한 수준의 순전한 기쁨과 자신이 해야 할 말을 알게 되는 축하할 만한 기회를 얻었습니다.

인간을 과도하게 과장하여 그리는 사람, 지옥에 있는 인간을 묘사하는 사람이 여기 있습니다. 그런데 그의 책을 읽으면 나쁜 소식처럼 느껴지지 않습니다. 결국 그는 구원에 대해 어떤 말을 합니까? 사실, 별로 말하지 않는 것 같습니다. 그보다는 신중하고 산뜻하게 해결된 행복한 결말과 참기 힘들고 풀리지 않는 고통을 인식한 것으로부터 오는 막대한 부담 사이의 긴장을 거듭 보여 줍니다.

이는 디킨스의 『황폐한 집』에서 가장 완벽하게 균형을 이룹니다. 그 책에서 과거형의 에스더 이야기는 현재형의 치유되지 않은 고통, 링컨셔의 고원에 여전히 내리는 비로 균형이 잡힙니다. 그리고 디킨스는 여기서도 연민과 자비에 대한 아주 이상하고도 놀라운 이미지 하나를 제시하는데, 바로 레스터 데들록 경의 모습입니다. 『황폐한 집』의 끝부분에서 썩어 가는 저택에 외롭게 남은 그는 용서와 화해의 가능성을 열어 놓습니다. 레스터 경은 죄책감과 두려움에 사로잡혀 달아난 아내에 대해 그다운 담담하고 정확한 언어로 이렇게 말합니다. "나는 그녀에게 베푼 호의를 거둬들일 생각이 없네."[2] 이 지독히 딱딱한 문장에서 우리는 자비의 희망 같은 것을 감지합니다. 뇌졸중 후유증으로 거의 말을 잃고 기운도 없어진 레스터 경은 외롭게 서서히 죽어가면서도 다시 한번 사랑과 조화가 있을지도 모른다는 가능성을 고집스럽게 열어 놓습니다.

  "하나님이 우리 죄와 실수들을 용서하시고 평화롭게 살다 죽을 수 있게 하실 거라고 우리는 자신 있게 바랄 수 있단다." 디킨스는 자녀들에게 그렇게 말했습니다.[3] 그리고 아마도 우리 어른들을 위한 하나님이 주시는 용서의 소망이라는 이미지는, 문을 고집스럽게 열어 놓고 베푼 호의를 거둬들이지 않는 그 외로운 인물 안에서 가장 생생하고 충격적으로 표현되고 있습니다. 사랑이나 정의를 시행할 힘은 없지만, 인간의 지나치고 과도한 본성에 적절한 종류의 사랑, 곧 파괴할 수 없는 방식의 사랑을 지나칠 정도로 건네고 있습니다. 더없이 불합리한 이 연민은 그 불합리성 때문에 모든 것을 변화시킬 수 있습니다.

2012년 2월 7일, 찰스 디킨스 출생 200주년을 기념하여 웨스트민스터 대성당에서 열린 추모화환 비치식에서 한 강연.

플로렌스 나이팅게일

생명의 빛

(13)

플로렌스 나이팅게일을 '빛나는 존재'luminary 곧 말 그대로 어두운 곳에 빛을 비춘 사람이라고 부르는 것은 대단히 적절한 일일 것입니다. 더 나아가 그녀는 자기 앞에 있는 필요와 고통을 명쾌한 정밀함으로 정확하게 밝혀낼 수 있는 사람이기도 했습니다. 다른 사람들이 보지 못하거나 보기를 거부하는 것을 볼 수 있었던 사람이자, 눈을 들어 영원한 사랑을 바라보는 동시에 지상의 고통에 시선을 집중할 수 있는 사람이었습니다. 이것은 참으로 균형 잡힌 행동이었고 플로렌스 나이팅게일의 비범한 특성은 이 균형을 절묘하게 유지할 줄 알았다는 데 있습니다.

　그녀는 사랑에는 또렷한 시력이 필요하다는 사실과, 사랑은 올바른 말을 하고 두루뭉술하게 공감을 표시하는 것만으로는 충분하지 않다는 사실을 빅토리아 사회에 알렸고, 우리 모두에게도 알려 줍니다. 사랑으로 변화를 만들어 내려면 정확해야 합니다. 그래서 그녀로부터 시작된 직업 전통인 간호 훈련은 간호 기술의 훈련일 뿐 아니라, 또렷하게 보는 훈련이기도 합니다. 플로렌스 나이팅게일의 비전에 따르면 훈련된 간호사는 상황을 얼버무리거나 쉽게 만들지 않고 특별한 상황을 알아볼 수 있도록 교육받은 사람입니다. 다시 말해 하나님이 수많은 별을 보시듯—각 얼굴을 유일무이하게, 각각의 이름을 특별하게—대하며 그 자리에 사랑으로 섬겨야 할 어떤 필요가 있는지 분별하는 사람입니다.

인류를 사랑하기는 아주 쉽지만 인간들은 문제라는 말을 자주 듣습니다. 명료하게 사랑한다는 것은 물론 특별한 상황에 있는 사람들을 사랑하고 특별한 필요를 가진 개인들, 이 사람, 이 환자에게 빛을 비추는 것을 의미합니다. 일반화하지 않고 주의를 기울여 보는 것입니다. 눈을 들어 하늘을 보십시오. 그것이 지상에서 하늘에 초점을 맞추는 유일한 방법이기 때문입니다. 눈을 들어 무한하고 정확하고 지성적인 사랑, 모든 것을 붙들어 주는 사랑을 바라보십시오. 그러면 그 지성적 사랑의 일부가 여러분의 돌봄, 여러분의 헌신과 주목으로 흘러들 것입니다.

물론 이것은 돌봄이 우리를 변화시킨다는 말입니다. 돌봄은 입고, 벗고, 켜고, 끄는 것처럼 우리가 하는 일에 그치지 않습니다. 돌봄은 우리를 사람답게 변화시킵니다. '돌봄의' 직업 종사자들의 가장 힘든 과제 중 하나는 상대를 침해하고 약화시키고 힘들게 하지 않는 방식으로 그 일을 감당하는 것이고, 현장의 현실을 접하고 변화될 뿐 그곳에 잡아먹히지 않는 것입니다.

그래서 돌봄에는 명확한 비전, 현실주의, 현장을 또렷이 보는 눈, 일반적인 상황에 안주하여 특수 상황을 외면하지 않는 태도가 필요합니다. 또한 돌보는 이들을 만나는 가운데 변화되고, 돌봄의 일과 고통을 대면하는 일을 통해, 그리고 그 일들 안에서 마음과 지성이 넓어지고 성장하게 됩니다. 이 모두는 플로렌스 나이팅게일이 남긴 유산의 일부입니다. 그녀는 고통과 대면함으로써 분명히 변화되었습니다. 여러 면에서 그녀는 정직한 참여에 따르는 대가를 보여주는 좋은 본보기였습니다.

그녀는 여러 면에서 극도로 까다로운 여성이었습니다. 완고하고 독선적이면서도 너그럽고 희생적이었으며, 모나고 비판적이면서도 인정이 많았습니다. 고통을 만나 찾아온 많은 변화는 그녀의 삶을 손상시켰고 대가를 요구했습니다. 위험은 실제적이었고, 지금도 여전히 그렇습니다. 하지만 그녀는 고통과 만나서 변화되었고 모종의 방식으로 망가지는 것을 감수함으로써, 다른 누구도 만들어 낼 수 없었을 변화를 일구어 냈습니다.

일부러 불쾌하게 행동하고 모나고 까다롭게 구는 사람은 없습니다. 대부분은 천성이 그런 것이지요. 우리는 계획에 따라 까다롭고 독특한 성자가 되는 것이 아닙니다. 보통은 그저 고만고만한 죄인들입니다. 그러나 플로렌스 나이팅게일 같은 사람을 보면 주목의 대가를 생각하게 됩니다. 그녀는 또렷하고 정확하게 보기 위해, 구체적인 것들을 보기 위해 어떤 대가를 치렀을까요? 그로 인해 그녀는 어떻게 달라졌을까요? 그녀가 대가를 치르고 달라졌기 때문에 영국뿐 아니라 훨씬 넓은 곳까지 간호적 돌봄의 양상은 달라질 수 있었습니다. 물론 이 사실은 우리가 자신과 서로에 대해 인내하도록 만들 것입니다. 사람들이 좀 더 까다로워져야만 어떤 일이든 바뀐다는 것을 알게 되었으니 말이지요. 그러나 무엇보다 그녀의 불굴의 사랑에 시선을 집중하다 보면 더욱 또렷이 볼 수 있고, 보다 정확히 사랑하는 일이 가능해진다는 사실과, 그로 인해 우리가 주위의 모든 것까지 변화시키는 방식으로 변화하는 일이 가능해진다는 것을 떠올려야 마땅합니다.

우리는 불을 붙여 자기 세대를 비춘 성자들에 대해 자주 말합니다. 그리고 우리 모두 알다시피, 그것은 '등불을 든 여인'이라는 나이팅게일 신화의 핵심입니다. 돌봄의 소명을 따르려 하는 모든 사람도 마찬가지로 등불을 든 자들입니다. 우리 모두 밝게 비추고, 상황을 또렷이 볼 수 있는 관점을 제시하라는 부름을 받았습니다. 아무도 자기를 기억하지도, 보살펴 주지도 않는다고 생각하여 어둠 속에 깊이 빠진 사람들이 있습니다. 우리는 이들에게 집중하고 구체적인 관심을 줌으로써 빛을 비추라는 부름을 받은 것입니다.

우리는 소명으로서의 간호에 대해 이전만큼 자주 말하지 않습니다. 유감스러운 일입니다. 모든 부름은 변화로의 부름이기 때문입니다. 그것은 하나의 일을 해내라는 것만이 아니라 특정한 종류의 인간으로 성장하라는 부름입니다. 그리고 간호사들은 대대로 그 부름에 응했습니다. 무엇보다 그들은 특정한 종류의 사람이 되고 싶었기 때문입니다.

나는 간호직이 특정한 종류의 사람이 되고 싶은 이들을 부르는 직업으로 남았으면 좋겠습니다. 단순히 일만 하고 싶어 하거나 목록에 적힌 내용만 해결하거나 생산성과 효율성 분석에 기여하려는 사람들이 아니라, 특정한 종류의 사람이 되고 정확하게 보고 특별한 사람들을 돌보며 그 모든 것 가운데 변화하는 일을 감수하는 사람들이 간호직으로 왔으면 합니다. 그래서 바깥에서 돌볼 뿐 아니라 곁에 있어 주고, 그에 따르는 큰 어려움들을 넘어서고, 자신의 공간과 고결함과 자유를 지키면서도 너그럽게 자신을 개방하게 되었으면 합니다. 누구도 그 일이 쉽다고 말하지 않습니다. 그러나 그런 일이 벌어질 때, 사람들은 성장합니다. 그런 인간이 될 때, 세상은 달라집니다. 어두운 곳에 빛이 비치고, 사람들이 눈을 들고 이사야의 비범한 약속을 어느 정도 깨닫게 됩니다. "······독수리가 날개를 치며 솟아오르듯 올라갈 것이요, 뛰어도 지치지 않으며······." 사 40:31

플로렌스 나이팅게일은 다른 많은 개혁자처럼 자신의 목표를 달성하기 위해 빠르고 맹렬하게 달렸으며, 때로 그 과정에서 누군가를 밀어냈어도 크게 개의치 않았습니다. 그러나 그녀는 독수리의 눈으로 해야 할 일을 알아보고 그 일을 해냈습니다. 그녀가 그 모든 것을 볼 수 있었던 이유는 매일 눈을 들어 바라보았던 그 사랑이 그녀를 변화시켰기 때문입니다.

2010년 5월 15일, 세인트토머스 병원 예배당에서
플로렌스 나이팅게일 사망 100주년을 기념하여 전한 설교.

세르게이 불가코프

정치, 예술, 기도

(14)

유럽 대륙 대부분에서 20세기는 악몽의 시대였습니다. 세계 다른 지역에서 성장한 우리들은 20세기 유럽이 겪은 집단적 트라우마가 수많은 이들에게 무엇을 의미했는지 여전히 잘 이해하지 못하고 있습니다. 수백만 명의 유럽 사람들은 그들 세계의 종말을 겪었습니다. 수백만 명이 그 일을 한 번도 아니고 두 번이나 겪었습니다. 제1차 세계 대전 이후 유럽의 지도가 갈가리 찢길 때 한 번, 제2차 세계 대전과 그 직후 몇 년 간 빈번했던 말도 못할 고통과 살육, 그리고 대량 실향에서 또 한 번.

역사의 도움을 받으면 초기 그리스도교를 생각보다 더 잘 이해할 수 있고 더 가깝게 느낄 수 있습니다. 예수의 설교와 초기 그리스도인들의 첫 증언이 이루어진 세상에서는 만물의 종말을 예견하고 있었습니다. 그리고 예수께서 가르친 내용의 많은 부분은 세상의 종말, 곧 친숙하고 통제 가능하고 믿고 있는 모든 것이 사라지는 시기에 어떻게 살 것인가를 다룬 것이었습니다. 그렇다면 영적, 지적으로 수준이 높고 복잡한 특징을 가진 20세기의 수많은 인물이 기존 세계의 종말을 겪으면서 그리스도교 신앙을 완전히 새로운 수준으로 깊게 발견하거나 재발견한 것은 그리 놀랄 일이 아닙니다.

세르게이 불가코프는 19세기 후반, 러시아 시골 사제의 가정에서 성장했습니다. 그는 자서전에서 자신이 자란 사제관의 분위기를 묘사했는데, 약간의 음주 문제가 있던 아버지는 사제 수입의 대부분을 묘지에서 벌었던 것으로 보아 목회 의무가 정기적이지 않고 제한적이었던 것으로 짐작됩니다. 어머니는 지독한 과로 상태에다 불안에 시달렸고 긴장해 있었으며 돈 걱정이 끊이지 않았습니다. 유년기의 불가코프는 종교에서 관심과 마음을 사로잡을 어떤 요소도 발견하지 못했고, 청소년기에는 신학교에 2년 다닌 후 믿음을 잃었습니다. 그는 급진주의자, 마르크스주의자가 되었고 경제학자로 대성공을 거두어 19세기 마지막 십 년과 20세기 초에는 많은 사람들이 그를 러시아 마르크스주의 지성계의 떠오르는 위대한 희망으로 여겼습니다. 레닌은 젊은 불가코프를 마르크스주의의 미래를 책임질 위대한 이론가 중 한 사람으로 존경했습니다.

무엇이 변화를 초래했는지는 그리 분명하지 않지만, 1903년
경 젊은 불가코프 박사는 마르크스주의 이론을 농업에 적용한 방
대한 저서를 출간한 직후, 마르크스주의는 충분하지 않다는 결론
을 내렸습니다. 그는 자기 세계 바깥의 소설가들과 철학자들의 글
을 읽기 시작했습니다. 도스토옙스키를 진지하게 읽었고 니체와
헤겔을 연구했으며, 19세기 영국의 일부 성서학 연구 결과(그는
그것을 상당히 흠모했습니다)까지 들여다보기 시작했습니다. 결국
그는 서서히 그리스도교 신앙으로 돌아섰습니다.

불가코프는 1907년 러시아의 제2차 민주 의회 선거에 그리
스도교 사회당원으로 출마하기로 했습니다. 그러나 일 년 동안 현
역 정치가(잠깐 동안 그리스도교 사회당 소속 국회의원의 임무를 맡기도
했습니다)로 활동하면서 그는 분노와 환멸과 좌절에 빠졌습니다.
그는 책을 몇 권 더 집필했는데, 그 사이에 비극은 찾아왔습니다.
자녀 중 한 아이를 잃게 된 것입니다. 이어서 모스크바 소재 대학
의 자리에서도 쫓겨났습니다. 부분적으로는 그의 전복적 사상 때
문이었고 예산이 축소된 탓이기도 했습니다. 그는 절묘하게 때를
맞춘 1917년에 사제가 되고 싶다고 지원했습니다. 러시아 혁명
이 일어난 후, 그는 추방되었고 여생을 파리에서 보냈습니다. 파
리에서 유명한 성 세르기우스 러시아 정교회 신학교를 설립하고
초대 학장을 역임했습니다. 그리고 1944년에 세상을 떠났습니다.

불가코프의 인생은 유럽 세계 종말의 많은 부분에 여러 방식
으로 걸쳐 있었습니다. 그는 1903년에 이미 마르크스 혁명의 종

말을 꿰뚫어 보았습니다. 20세기 초에 쓴 논문에서는 인간성에 관한 마르크스주의의 접근법이 갖는 치명적인 구조적 취약점을 제시했습니다. 그와 같은 논문들은 1980년대에 소련에서 은밀하게 재출간되어 손에서 손으로 전해졌고, 사람들은 그 논문들을 불가코프의 경력 초기에 막 등장했던 체제의 붕괴를 일찌감치 예언한 자료로 여기고 읽었습니다. 불가코프는 정치에 정치 이상의 것이 있음을 알아보았습니다. 그는 20세기의 첫 10년 동안 집필한 가장 흥미로운 저작 중 한 편에서 인간이 자신이 속한 세계를 변화시키는 세 가지 방식인 '정치, 예술, 예전'의 상호작용에 관해 숙고했습니다. **정치**는 사람들 간의 관계와 사회 집단 간 관계를 변화시키려는 활동이고, **예술**은 물리적 재료를 변화시키려는 활동이며, **예전**은 인간이 자신의 내면과 외부의 환경 모두를 변화시켜 주시도록 하나님을 초대하는 자리입니다.

불가코프는 이 세 가지 중 하나라도 없으면 다른 두 가지가 마르고 시든다고 주장합니다. 정치에서 그치는 정치는 결국 관리적 독재나 그보다 못한 것이 될 뿐입니다. 그는 이것을 알았고 당대의 정치가 어디로 흘러가는지 알아볼 수 있었습니다. 예술을 위한 예술은 어떤 것도 실제로 변화시키지 못하는 교양 넘치는 예술 애호가만을 잔뜩 배출합니다. 정치와 예술이 없는 예전은 세상 한복판에 중요하게 존재하는 그리스도의 몸을 사람들의 실제 관심사에서 분리시킵니다. 그러나 이 세 가지를 한데 모으면 교회가 무엇인지 이해할 수 있게 됩니다. 새로운 피조물의 공동체인 교회는 정치적인 것, 창의적인 것과 경건한 것, 영적인 것이 절대적으로 융합되어 완전히 새로운 상황을 만들어 내는 새 현실입니다.

불가코프는 끝없이 매력적이고 영감을 주는 인물입니다. 제가 그를 제 선각자들 목록에 넣은 것은 그가 **세상을 이해하는** 인생을 살았기 때문입니다. 그는 당대의 큰 시험과 유혹 중 일부의 종말을 꿰뚫어 보고 사상과 기도와 행동 안에서 새로운 피조물의 너비와 깊이를 아우르는 삶의 방식을 찾아내려는 극히 위험한 발걸음을 내디딘 사람이었습니다.

그는 말년에 영적 지도자로서 엄청난 명성을 얻었습니다. 나는 마르크스주의를 신봉하던 젊은 지성인의 유령이, 나이 든 불가코프가 파리에서 망명 생활을 하며 많은 사랑과 존경을 받는 영적 안내자로 활동하는 모습을 보고 쓴웃음을 짓는 광경을 상상해 봅니다. 불가코프가 영적으로 지도했던 이들 중 몇몇은 임종을 앞둔 그를 찾아갔을 때 그의 얼굴에서 본 빛에 대해 말했습니다. 그들 모두가 그것은 단순히 반사된 빛이 아니라고 말했습니다. 뇌졸중 이후 말을 하지 못하고 지냈던 마지막 몇 주 동안, 그의 어두운 방으로 들어간 사람들은 그의 얼굴에서 빛이 나오는 것을 발견했습니다.

많은 정교회 신학자처럼, 불가코프 본인은 성자들이 하는 일 중 하나가 (문자적으로든 비유적으로든) "빛을 비추는" 것이요, 이해하게 만드는 것이라고 말했을 것입니다. 이는 '도전'함으로써, 그리고 인간들이 스스로를 가둔 일부 감옥에서 걸어 '나옴'으로써,

또한 새로운 피조물의 온전함이 살아날 수 있는 제자도의 길을 '추구'함으로써 이해하게 만든다는 것입니다.

2008년 6월, 헤리퍼드 교구 회의에서 했던 강연.

에디트 슈타인

연대적 사고

⑮

에디트 슈타인의 생애는 분열과 위험, 심각한 고통이 담긴 또 다른 20세기 유럽의 이야기입니다. 그녀는 유대교에 특별히 충실하지는 않지만 그래도 종교적 유산을 간직한 유대인 가정에서 자랐습니다. 그녀는 철학을 공부했고 뛰어난 철학 강사이자 당대의 가장 중요한 독일 철학자 중 한 사람(에드문트 후설―옮긴이)의 신뢰받는 조교가 되었습니다. 철학적 상상력이 깊어지고 발전함에 따라, 그녀는 더 이상 회피할 수 없는 질문들이 있음을 발견했습니다. 그녀는 현상계 안과 그 너머에서 사랑과 희생과 헌신을 이해하게 해주는 것이 무엇인지에 대한 생각을 멈출 수 없었습니다. 그녀는 공감 개념으로 학위 논문을 썼는데, 이 논문은 해당 주제에 대한 아주 초기의 논문이자 지금도 여전히 매우 중요하고 독창적인 논문입니다.

슈타인은 한동안 학계를 떠나 제1차 세계 대전의 부상자들을 간호했습니다. 그리고 아빌라의 성 테레사의 저작 일부를 읽고 압도되어 로마가톨릭 신자이자 가르멜회 수녀가 되기로 결심했습니다. 가족과 학계 동료들에게는 참으로 놀라운 (그리고 실망스러운) 결정이었습니다. 슈타인은 십자가의 테레사 베데딕타라는 수도명을 받고 봉쇄 관상가가 되었습니다. 그녀는 수도원에서 여전히 철학을 연구했지만 이번에는 초점이 달랐습니다. 철학과 신비주의의 접경지대에도 관심을 가졌고, 16세기의 위대한 스페인 가르멜회 신비가인 십자가의 성 요한에 대한 아주 어렵지만 대단히 중요한 책도 썼습니다.

슈타인이 가르멜회 수녀원에서 남은 나날을 비교적 평화롭게 살 수 있을 거라고 생각했는지, 아닌지는 잘 모르겠습니다. 그녀는 현명한 여성이었고 어느 누구 못지않게 시대의 표적을 읽을 수 있었습니다. 제3제국이 독일에 대한 통제를 더욱 강화하자 독일에 있던 그녀는 네덜란드의 수녀원으로 이주했습니다. 독일군이 네덜란드를 침공하여 이전에 독일에서 피해 온 사람들을 체포했을 때, 그들은 유대인 혈통에 특히 관심을 보였습니다. 네덜란드 가톨릭 주교들은 독일군이 유대인들을 대우하는 방식에 거세게 항의했고, 독일인들은 그에 대한 앙갚음으로 그리스도교인들을 추적했습니다. 테레사 베네딕타 수녀는 유대인으로 체포되었

고 아우슈비츠에서 죽었습니다. 1998년에 교황 요한 바오로 2세
는 그녀를 시성했습니다.

　슈타인의 이야기에서는 세 가지 중요한 사항이 등장합니다.
하나는 그녀가 불가코프처럼 자기 시대의 정신과 상상력 안으로
깊숙이 들어간 사람이라는 것입니다. 그녀는 20세기 초 독일 대
학들에서 진행 중이던 철학적 혁명의 핵심에 아주 가까이 있었고,
사람들이 생각하고 상상하던 것의 한계까지 바싹 다가갔다가 거
의 저항하지 못한 채 그 너머로 끌려 들어갔습니다. 정치학(불가
코프의 경우처럼)이나 철학(에디트 슈타인의 경우처럼)을 충분히 깊
게 들여다보면 그 경계선 너머로 떨어질 위험이 상당히 많은 것
같습니다. 이 세상의 학문들을 정직하고 진실하게, 그리고 충분히
멀리까지 파고들어 보십시오. 그러면 반대쪽에서 기다리시는 하
나님을 만나게 될 것입니다.

　그러나 슈타인의 인생에는 가슴 아픈 다른 두 가지 요소가 있
었습니다. 그녀는 유대교에서 그리스도교로 개종한 사람이었지
만, 자신이 유대인이라는 사실을 감추거나 부정할 마음이 없었기
때문에 죽게 되었습니다. 그녀는 동포 유대인들과 함께 죽을 각
오가 되어 있다고 분명히 밝혔습니다. 그녀는 독일을 떠나고 싶
어 하지 않았고 동족의 치욕을 함께 나누고 싶어 했습니다(여기
서 시편 69편을 떠올릴 수 있을 것 같습니다). 그러나 그녀에게는 선택
권이 없었습니다. 수도회의 지시에 따라 다른 나라로 이주해야 했
습니다. 그러나 그녀는 유대인으로 죽었고 동족의 참사를 받아들

였으며 유대인이라는 이유로 당시 세계에서 가장 약하고 위험한 처지였던 이들과 고통을 함께했습니다. 이것은 슈타인이 1930년 대 독일의 악몽을 이해한 여러 방식 중 하나입니다. 그렇습니다. 그녀는 그리스도인이었고 그리스도교 신앙이 참이라고 믿었지 만, 그리스도의 제자로 살려면 고통받는 동족으로부터 떨어져 나와 안전한 거리를 유지할 수 없고 약한 자들과 고통받는 자들이 있는 곳에 거하라는 하나님의 부름을 수정하거나 가볍게 여길 수 없다고 생각했습니다.

그래서 슈타인은 위험을 받아들였고 그 때문에 죽었습니다. 또한 그녀는 1930년대 독일에서의 충돌이 정치적인 일 그 이상이라는 것도 알았습니다. 그것은 '누가 주님인가'를 둘러싼 충돌이었습니다. 초대교회의 순교자들이 '카이사르가 주님'이라고 말할 수 없어서(그들은 예수께서 주님이심을 알았습니다) 죽었던 것처럼, 에디트 슈타인도 마찬가지였습니다. 제가 아는 슈타인에 대한 가장 생생한 이야기 중 하나는 그녀가 체포되던 순간의 일입니다. 그 지역 유대인들을 체포하고 있던 나치 친위대 지휘관의 호출을 받고 그녀가 수녀원 응접실로 나왔을 때였습니다. 지휘관은 "하일, 히틀러"라는 말로 그녀에게 인사했고, 그녀는 평생 아침마다 수녀들에게 했던 말인 "라우데투어 예수스 크리스투스"Laudetur Iesus Christus 곧 "예수 그리스도는 찬미를 받으소서"라고 인사했습니다. 1930년대에는 두 주권이 충돌했다고 말할 수 있습니다. 그녀의 응답은 무의미하고 끔찍한 세계에서 의미를 파악하게 해주는 삶의 모습으로 나타났습니다.

우리는 아우슈비츠로 이송되던 슈타인의 모습을 당대의 또다른 위대한 인물이 쓴 비범하고 짧은 글에서 볼 수 있습니다. 암스테르담 출신의 젊은 유대인 여성 에티 힐레숨Etty Hillesum이 쓴 편지와 일기가 근년에 출간되었습니다. 에티 힐레숨은 베스트보르크 수용소(유대인 임시 수용소. 이곳에서 유대인들은 아우슈비츠로 떠났습니다)에서 동생에게 편지를 보내어 유대인이라는 이유로 수용소로 보내지는 두 명의 독일인 수녀를 방금 만났다고 말합니다. "그분들이 내게 얼마나 큰 영향을 주었는지 몰라. 열차에서 겨우 몇 분 동안 만난 사람들에게도 말이야." 그 두 수녀 중 한 사람이 에디트 슈타인이었고, 다른 사람은 그녀의 언니 로자였습니다. 에티 힐레숨은 아우슈비츠에서 에디트 슈타인 및 다른 사람들과 함께 죽었습니다.

우리는 이런 이야기들을 어떻게 이해할 수 있을까요? 이 이야기들을 거듭거듭 들려줌으로써만 이해할 수 있습니다. 우리에겐 이 모든 상황 속에서 무슨 일이 벌어졌는지 설명할 언어가 없습니다. 그러나 세상을 이해했던 사람들의 이야기를 들려줄 수는 있고, 그 과정 속에서 그 이야기들을 이해하려 시도할 수 있습니다.

2008년 6월 5일, 헤리퍼드 교구 컨퍼런스에서 전한 강연.

Michael Ramsey, 1904~1988

마이클 램지

참된 휴머니즘

⑯

인류를 두 범주로 나누고 특정한 사람들이 어디에 속하는지 생각해 보는 일은 늘 재미있습니다. W. S. 길버트(1836-1911, 영국의 극작가, 시인, 삽화가—옮긴이)에 따르면, 사람은 어느 정도 진보적이거나 보수적입니다. 사람은 왕당파 아니면 의회파, 플라톤주의자 아니면 아리스토텔레스주의자, 그리스인 아니면 히브리인입니다. 톨스토이 아니면 도스토옙스키, 바흐 아니면 모차르트에 속합니다. 낙관주의자 아니면 비관주의자입니다(이 용어의 정의를 명심해야 합니다. 낙관주의자는 이곳이 모든 가능세계 중 최고의 세계라 믿고, 비관주의자는 그 말이 옳을까 봐 두려워합니다).

물론 신학자들, 특히 성공회 신학자들을 상대로도 이 놀이를

할 수 있습니다. 여러분은 세상이 기본적으로 하나님의 선한 창조물이고 인간이 하나님의 형상을 내보인다고 보는 이들에게 찬성하십니까? 아니면 우리의 타락한 상태가 너무나 심각하여 항상 죄와 실패와 외부적 도움의 필요성을 첫 번째로 인식해야 한다고 생각하는 이들에게 찬성하십니까? 우리는 자연과 문화를 적절히 사용하여 하나님에 관해 알 수 있을까요? 아니면 하나님의 계시 사건과 성경의 내용을 통해 말씀해 주시는 것에 절대적으로 의존해야 할까요? 전자는 종교개혁 전야의 에라스뮈스 같은 사람들, 17세기의 위대한 시인들과 설교자들, 케임브리지 플라톤주의자들, 웨스트코트 주교와 F. D. 모리스와 윌리엄 템플과 관련이 있고 후자는 칼뱅과 청교도와 복음주의 부흥, 이성과 윤리로 이해 가능한 것의 한계까지 밀고 가는 키르케고르, 그리고 우리 시대의 가장 위대한 개혁파 사상가 칼 바르트와 관련이 있습니다.

'그리스도교 휴머니즘'이 첫 번째 그림을 가리키는 명칭이라면, 두 번째는 가끔 '계시론적' 또는 '구속론적' 견해로 불립니다. 그러나 우리가 이 견해들에 사용되는 여러 용어와 관련된 사람들의 실제 사상 모두를 곰곰이 따져 보면 바로 몇 가지 분명한 문제점들을 인식하게 됩니다. 칼뱅은 인간 본성을 믿기 어려울 만큼 고귀하게 여겼고 그렇기 때문에 인간 본성의 실패가 그에게 그토록 끔찍하게 보였던 것입니다. 웨스트코트 주교는 인간 마음의 악과 부패를 심각하게 생각하여 회복의 가능성을 그토록 즐거워한 것이었습니다. 조지 허버트는 주위 세계에서 하나님을 인식했지만, 인간의 자기기만과 함께 그리스도의 십자가를 통해 세상을 읽어야 할 필요성을 가장 면밀하게 분석한 사람 중 하나였습니다. 칼 바르트는 말도 못할 독재적이고 폭력적인 정권이 창조 자체의 본을 들먹이며 자기 정당화를 꾀하던 세상에서, 세상으로부터 하나님께로 가는 길의 존재를 완전히 부정하는 것이 필요하다고 믿었습니다. 그러나 기적이 있었습니다. 하나님이 자유롭고 거저 주시는 은혜로 그분으로부터 세상으로 이어지는 길을 이미 여셨고 세상을 긍정하는 말씀을 이미 하셨으며 결과적으로 모든 것이 그분의 가능성으로 활기를 얻게 된 것입니다.

마이클 램지는 그리스도교 휴머니즘에 대해 여러 방식으로 많은 글을 썼습니다. 그는 19세기 말과 20세기 초 성공회 신학의 흐름에 대해 아주 좋은 책을 펴냈습니다. 『고어에서 템플까지: 룩스 문디와 제2차 세계대전(1889-1939) 사이의 성공회 신학의 전개』 *From Gore to Temple. The Development of Anglican Theology between Lux Mundi and the second World War 1889-1939*¹ 입니다. 램지는 F. D. 모리스에 대한 비범한 헌사를 발표한 적이 있습니다. 1968년에는 「스펙테이터」지에 '휴머니즘적 시각'을 다룬 에세이집 서평을 써서 그가 생각하는 참된 휴머니즘을 옹호했습니다. 그리고 스콧 홀랜드 강연에서 그리스도교 휴머니즘의 '장구하고 명예로운 역사'와 그것이 직면했던 도전들을 다루었는데, 강연 내용은 1965년에 『성과 속』 *Sacred and Secular* 이라는 제목으로 출간되었습니다.² 중세에 만개한 후, 르네상스 시대에 거대한 새 기회를 맞았던 이 전통은 종교와 과학의—또는 '종교의 참된 특성을 왜곡하는 종교와 과학 자체의 다면성을 무시하는 과학 이론'의—논쟁이라는 암초에 걸려 허우적거렸습니다.³

휴머니즘과 구속주의의 양극 사이에서 램지가 한쪽 편에 서게 될 거라고 생각할 수 있을 것입니다. 하지만 실상 그는 우리가 시작했던 분류 놀이가 상대적으로 무용하다는 증거를 바르트나 웨스트코트만큼이나 많이 내놓습니다. 램지에게 있어서 인간 문화의 지혜와 하나님의 지혜 사이에는 쉬운 교차로가 없었는데, 하나님의 지혜는 십자가에서만 분명하게 드러난다는 단순한 이유 때문이었습니다. 1969년에 그는 "인류는 예수 안에서 자신의 참된 의미를 발견한다"고 썼습니다.⁴ 십자가는 인류가 이 의미를 거절했다는 것과 동시에 그 거절 자체가 인간과 하나님의 참된 영광이 함께 나타날 수 있게 하는 정확한 요인임을 보여줍니다.

십자가는 자기를 보호하지 않고 물러서지 않는 사랑의 궁극적 표시입니다. 사랑은 자신이 완전히 거부당하도록 허용함으로써 그 궁극적 자유를 드러낼 수 있습니다. 사랑은 능력이나 안전의 이점이 전혀 없는 상황에서, 세상의 조건에 전혀 구애받지 않는 총체적 내어 줌으로 나타날 수 있습니다. 하나의 인간적 사건이 하나님의 성품을 전달하는 매개가 되고, 그 사건 안에서 인간성은 신적 생명의 거울임이, 그리고 거울이 될 수 있음이 드러납니다.

그러므로 그리스도인들이 세상과 문화에 참여할 때는 자신들이 흔쾌히 받아들여지고 교회와 사회가 어떤 가치관의 충돌도 없이 매끄러운 통일체로 함께 흘러가기를 바라서는 안 됩니다. 그들이 세상에 참여하고 귀 기울이고 협력하는 것은 오로지 사심 없는 사랑으로 베푸는 섬김 안에서만 하나님의 행하심이 드러나기 때문입니다.

교회가 내놓는 것을 세상이 거부한다면 그렇게 하도록 하십시오. 조건 없는 사랑은 언제나 가능성이자 선물로서 여겨져야만 합니다. 세상의 종이 된다는 것은 노예처럼 세상을 따라한다는 뜻이 아닙니다. 오히려 정반대로, 세상의 규정에서 완전히 자유로워져서 자신의 안전이나 성공과는 관계없이 하나님의 사랑을 자유롭게 건넨다는 뜻입니다. 때로 세상과 교회가 뜻이 맞을 수도 있지만 그렇지 않을 수도 있습니다. 때로 진정한 공생관계가 나타나는가 하면 과격한 충돌도 있습니다. 그래도 교회의 수고는 이어집니다. 섬김의 옳고 그름을 결정하는 것은 단순히 세상이 원하기 때문만도 아니고, 그들이 원하는 바를 교회의 섬김으로부터 얻었다고 믿도록 하기 위해서도 아닙니다.

이것은 팔복을 다르게 표현한 것에 불과합니다. '복 있는' 상태는 하나님이 여러분을 두기 원하시는 곳에 있는 것입니다. 하나님이 여러분을 두기 원하시는 장소가 있음을 알게 되면, 여러분의 마음 상태나 그 자리를 차지하고 이룬 성취, 여러분이 수고한 결과 같은 것들은 모두 상관없게 됩니다. 기뻐하고 크게 즐거워하십시오. 여러분은 하나님이 계신 곳, 곧 가난, 겸손, 중재, 고통의 자리, 정의에 대한 갈망이 있는 자리에 있고, 중요한 것은 그 자리에 충실하게 있는 것입니다.

"휴머니즘?" 그렇습니다. 하지만 이상한 휴머니즘이라고 할 수 있지요. 인간 자유의 최종 목표, 인간 존엄에 대한 궁극적 주장은 하나님의 자유로 자유로워진다는 것입니다. 이것보다 인간의 존엄을 더 크게 확언할 수 있는 상황이 또 있을까요? 그러나 이 자유는 자기방어와 자기기만을 비워낼 자유이고 무슨 일이 있어도 하나님이 계신 곳에 있는 자유입니다. 램지가 말한 의미의 '휴머니스트'가 되려면 자신의 '인간적 번영'과 밀접한 관련이 있다고 생각하는 아주 많은 것을 기꺼이 내려놓아야 합니다. 우리는 달라져야 합니다. 십자가에서 드러난 하나님의 영광 속으로 들어가야 합니다. 그래서 인류의 참된 영광이 성령을 통해 여러분 안에 태어나야 합니다. "인간의 참된 영광은 하나님의 영광, 곧 예수 안에서 드러난 자기를 내어 주는 사랑을 되비추는 것이다."[5]

마이클 램지는 세상이 할 일을 불러 주는 일이나 개혁자들의 열망을 좌절시키는 데는 아무 관심이 없었습니다. 그는 십자가에 못 박히신 그리스도 안에서 신자들이 보고 배운 것을 그들에게 단순히 상기시켰습니다. 섬김, 곧 두려움이 가득한 세상에 자신을 내어 주는 일을 회피할 만한 변명거리는 없습니다. 이런 섬김을 세상이 반길 거라는 보장 또한 없습니다. 그저 우리는 그분이 계신 곳에 있어야 하고 우리가 있는 곳에 계시겠다고 그분이 약속하셨다는 요한의 이중적 확신을 가지고 있을 뿐입니다.

2004년 10월 31일, 케임브리지 모들린 칼리지 저녁 예배에서
마이클 램지 대주교 탄생 100주년을 기념하여 전한 설교.

Dietrich Bonhoeffer, 1906~1945

디트리히 본회퍼

자유, 필연성과 영광

⑰

1939년, 뉴욕에 있던 젊은 독일인 신학자 디트리히 본회퍼는 독일인 이민자들을 위해 목회자로 그 도시에 머물러야 할지 고민하면서 줄줄이 이어지는 미합중국에서의 강연 요청을 고려하고 있었습니다. 그는 히틀러를 비판하는 방송을 하고 나치 정권의 교회 통제 시도를 수용할 수 없었던 독일 목사들을 위해 비밀 신학교를 운영하여 확실하게 나치 정권의 눈 밖에 났습니다.

진 빠지는 내적 갈등 후 그는 독일로 돌아가기로 결정을 내렸습니다. 1939년 7월, 뉴욕에서 한 달 조금 더 머문 그는 극한의 위험을 인지하면서도 고국으로 떠났습니다. 그리고 육 년 후 강제수용소에서 반역죄로 처형당했고, 감옥에서 가족과 친구들에게 쓴 편지의 형태로 현대 그리스도교의 위대한 보물 중 하나를 세상에 남겼습니다. 본회퍼는 우리 대부분이 반길 법한 자유의 기회를 등진 채 복잡하고 위험한 세계로 뛰어들었고, 히틀러 암살 모의에 관여하여 이중 스파이로 살면서 체포, 고문, 죽음의 가능성에 매일 직면했습니다.

그의 매우 많은 글의 주제는 **자유**였습니다. 본회퍼는 1944년 7월에 쓴 유명한 시에서 자신이 생각하는 진정한 자유와 관련된 요소를 규율, 행동, 고통, 죽음으로 정리했습니다. 우리가 자유라는 단어를 생각할 때 떠올리게 되는 요소들은 아니지만, 그는 이런 사색과 더불어 사람이 누릴 수 있는 영원한 자유의 핵심으로 우리를 이끕니다.

그가 관심을 갖는 자유는 해야 하는 줄 아는 일을 행할 자유입니다. 사회는 우리가 해야 할 일에 관해 온갖 메시지를 던집니다. 그리고 이보다 훨씬 어려운 점은, 우리의 갈망과 선호가 다양한 방향으로 우리를 몰아간다는 것입니다. 우리는 자신의 열망과 감정을 지켜보고 신중하게 시험해야 하며 그런 다음 행동에 나설 용기를 내야 합니다. 행동할 때 우리는 위험을 감수합니다. 전보다 자유롭지 못한 것처럼 보입니다. 그러나 실제로는 하나님께 우리의 자유를 넘겨 드리고 이렇게 말하는 것입니다. "저는 제가 해야 할 일을 했습니다. 이제 하나님 차례입니다." 자유는 하나님께 넘겨 드렸을 때 "영광스럽게 완성된다"고 본회퍼는 말합니다.[1] 이 자유는 죽음의 순간에 절정에 이르고, 그때 우리는 그동안 숨겨져 왔던 것, 우리가 생각하고 행했던 모든 일의 근저에 있는 하나님의 영원한 자유를 발견하게 됩니다.

이것은 어렵고 부담스러운 일입니다. 그러나 본회퍼의 여정 끝에는 실재, 곧 하나님의 실재와 조화를 이루었음을 발견할 때만 찾아오는 기쁨의 비전이 있었습니다. 다른 모든 것—우리가 스스로에게 들려주는 이야기, 즐겨 생각하는 자아상, 스스로를 그럴 듯하게 만들려는 노력들—은 전부 실재에 미치지 못합니다. "진리가 너희를 자유롭게 할 것"요 8:32이라는 예수의 말씀은 본회퍼를 감옥에서 붙들어 주었습니다. 이 말씀은 예수께서 팔복을 제시하시며 하신 말씀마 5:3-10과 동일합니다. "가난한 자들은 복이 있도다. 정의에 굶주린 자들은 복이 있도다. 평화를 이루는 자들은 복이 있도다." 이들은 영원히 중요한 것, 하나님의 실재와 접촉한 사람들입니다. 이들은 자유로운 사람들입니다. 스스로를 불안과 야망에 갇혀 있게 만드는 크고 작은 모든 허구로부터 해방되었기 때문입니다. 이들은 최고로 중요한 것을 발견했기에 죽음을 두려워하지 않고 모든 것을 하나님께 기꺼이 넘겨 드립니다.

다른 사람들이 우리의 비전을 받아들이도록 강요할 수는 없습니다. 우리를 편안하게 만드는 것에서 충분히 분리되어 하나님이 어떤 분인지 보여주는 데 필요한 특성을 우리의 삶으로 드러내고, 하나님의 자유와 조화롭게 살아가는 것이 자유의 핵심입니다. 하나님의 자유는 언제나 다른 사람들을 자유롭게 만들고 그들에게 실재 안의 기쁨과 하나님의 생명인 진리를 전합니다. 이 일이 이루어지기까지는 시간이 걸립니다. 본회퍼는 신학교를 운영할 때 학생들을 위해 작은 지침서를 썼고 매일 고요한 성경 묵상에 시간을 들여야 하는 이유를 설명했습니다. "하나님은 이 섬김을 위해 우리의 시간을 요구하신다. 하나님은 그리스도 안에서 우리에게 오시기에 앞서 시간이 필요하셨다. 하나님은 나를 구원하시기 위해 내 마음에 들어오시는 데도 시간이 필요하시다." 매일 우리는 이 묵상에 의해 변화되도록 자신을 열어 놓으려 합니다. "우리는 묵상을 마치고 일어설 때 처음 자리에 앉았을 때와는 다른 사람이기를 원합니다."[2]

일부 종교인들은 우리 마음의 수면이 하나님을 제대로 비출 수 있도록 잔잔한 웅덩이처럼 진정되어야 한다고 말합니다. 본회퍼의 삶과 죽음이 분명하게 보여주는 대로, 이것은 어떤 식으로든 세상을 거부하는 일이 아닙니다. 그보다는 우리가 세상을 효과적으로 변화시키기 위해 세상에서 할 수 있는 유일한 일이라고 할 수 있습니다. 그렇게 해서 우리는—우리를 통해, 그러나 우리를 통해서만은 아니게—하나님이 활동하시도록 길을 열 수 있습니다. 우리가 정직하게 자신을 보지 못하도록 막는 온갖 혼란을 고요히 바라보는 것, 이 세계가 어떤 식으로 진리를 틀어막고 정의와 사랑의 추구를 꺾어 버리는지 고요히 바라보는 것은 결코 사치스러운 행위가 아닙니다. 그렇게 하면 진리는 우리를 자유롭게 합니다. 이는 주어진 순간에 우리가 원하는 바를 행사할 자유가 아닌, 신약성서가 말하는 대로 현실에 충실하고 진실한 '진리 안에서의' 자유입니다. 이것이 아니라면 어떤 자유가 소유할 만한 최종적 가치를 지닐까요? 이 자유 때문에 우리가 꼭 붙들어야 한다고 생각했던 모든 것을 잃어버릴 수도 있을 것입니다. 하지만 그리스도께서 십자가와 부활로 가신 여정의 역사가 분명히 드러내듯, 이 이야기의 결말은 적절한 말로 표현할 길이 없는 성취이자 귀향입니다. 이 자유는 진정한 우리가 되게 하는 자유입니다.

2012년 2월 26일, 캔터베리 킹스 스쿨에서 전한 설교.

시몬 베유

신을 기다리며

(18)

시몬 베유는 1909년에 태어났고 젊은 나이였던 1943년에 켄트 주 애슈퍼드에서 세상을 떠났습니다. 그녀는 나치가 프랑스를 점령하자 탈출했고 마지막 몇 달을 영국에서 피난민으로 지냈습니다. 그녀의 죽음은 부분적으로는 프랑스의 동포 중 가장 가난한 이들보다 더 많이 먹지 않겠다고 결심한 결과였습니다. 그녀의 외골수적 성향이 전형적으로 드러난 결정이었습니다.

시몬은 유대인이었지만 아주 세속적인 가정에서 자랐습니다. 그녀는 어떤 유대교 관습에도 익숙하지 않았고, 그녀의 가족은 스스로를 평범한 프랑스 국민으로 생각하도록 서로를 독려했습니다. 그러나 그들은 그리 평범하지 않았습니다. 시몬의 오빠 앙

드레는 20세기의 가장 위대한 수학자 중 한 사람이었고, 시몬은 철학과 언어에 조숙한 재능을 드러냈습니다. 그녀는 고등학교에서 잠시 가르쳤고 공장에서 잠깐 일하기도 했는데, 사회에서 가장 힘든 사람들의 삶을 경험해 보아야 한다고 생각했기 때문이었습니다. 스페인 내전 기간에는 짧은 기간 동안 정부군과 함께 일하기도 했습니다. 그러나 이 모든 짧은 실험의 역사는 그녀가 대부분의 삶을 추상과 무념의 층위에서 보낸, 대단히 현실적이지 못한 사람이라는 사실을 분명히 보여줍니다. 그녀는 엄밀히 말해 아주 성공적인 교사도, 공장 노동자도 아니었습니다. 스페인 군대에서는 끓는 기름이 든 냄비에 발이 빠져 심한 화상을 입는 바람에 2주 만에 상이병으로 제대하기도 했습니다.

시몬이 얼마나 치열하게 살았는지는 그녀가 쓴 모든 글에서 분명히 드러납니다. 그녀는 먹을 것과 마실 것보다 사상을 더 중요하게 생각한 사람이었습니다. 학교에서 가르치고 르노 공장의 힘없는 노동자들과 함께하면서 실제적인 기술에 대해서는 얻은 것이 별로 없을지 모르지만, 강렬한 지성을 갖춘 그녀는 자신의 경계를 허물 수 있었습니다. 그녀의 지성주의는 넓어지고 확장되었습니다. 그리고 그녀는 사물의 중심에 있는 일종의 신비주의를 접했습니다. 신비주의는 대체로 안락하고 아주 똑똑한 프랑스의 부르주아적 가족 안에서 자란 그녀에게 전혀 뜻밖의 것이었습니다.

또한 시몬은 피정을 시작했는데, 이십 대에 참석한 한 피정 장소는 솔렘(예전과 그레고리오 성가의 유명한 중심지)의 베네딕트회 대수도원이었습니다. 그녀는 그곳에 머물던 어느 날 저녁 평소 외우고 있던 조지 허버트의 시 「사랑이 나를 반갑게 맞아 주었지만」을 읊조리고 있을 때를 묘사합니다. 그녀는 그 시를 스스로에게 들려주고 있을 때 "그리스도께서 친히 내려오셔서 나를 사로잡으셨다"고 썼습니다.[1]

그녀가 이 체험에 대해 말하는 내용은 이것이 전부입니다만, 이후로 모든 것이 달라졌습니다. 이 시점부터 그녀의 모든 사색은 어떤 식으로든 그리스도교 신앙을 중심으로 진행되었습니다. 그것은 대단히 독특한 그리스도교 신앙이었습니다. 시몬은 엄청난 지적 모험을 멈추지 않았고 전통 가톨릭 신학에 동의하는 데 어려움을 겪었습니다. 그녀는 존경하던 한 가톨릭 사제이자 신학자와 오랫동안 편지를 주고받으면서도 세례 받는 것은 늘 거부했습니다. 그녀가 가톨릭교회에 합류하면 구원의 조건이 가톨릭교회에 합류하는 것이라는 생각에 동의하는 것이 될 것이고, 그것은 인류 대부분을 배제하는 일이 될 것이라는 게 이유였습니다. 시몬은 자신이 교회에 합류하여 구원을 보장받기보다는 인류 대부분과 함께 배제되는 쪽에 머물러야 한다는 확신이 있었습니다.

여러분이 이것을 어떻게 이해하든 간에, 적어도 이는 용감한 결정이고 나름대로 고결한 결정입니다. 하지만 이 결정이 그리스도와 삼위일체, 성만찬, 현대 세계에서의 믿음의 역할, 혼란스럽고 경쟁적인 현대 사회에서의 "뿌리의 필요성"(이 표현은 그녀의 책

제목이 되었습니다)에 대한 그녀의 맹렬한 사색을 멈추게 하지는 못했습니다. 전쟁 중인 프랑스의 한복판에서 그녀는 전쟁이 끝난 후 프랑스에 필요한 것이 무엇인가에 관해 썼습니다. 그녀가 볼 때 프랑스에 필요한 가장 중요한 것은 프랑스가 어디로부터 왔는지 이해하는 것, 자연의 질서와 다시 이어지는 것, 그녀가 공장에서 보았던 것과 같이 삶을 지배하는 비인격적인 기술 전제주의─그녀가 볼 때 진정한 인간성을 위협하고 압도했던 권력 체계─에서 돌이켜야 할 필요성을 깨닫는 것이었습니다.

시몬은 비인격적인 기술적 이상에 맞서 자신의 영적 이상을 정의하고 그것을 프랑스어 단어 'attente'로 표현했습니다. 이 단어는 두 가지 의미를 가지고 있어서 번역하는 것이 까다롭습니다. 'attente'는 '기다림'과 '주목' 모두를 의미합니다. 조류 관찰자가 경험하는 기다림이지요. 조류를 관찰할 때는 가만히 있으면서 긴장을 푸는 일과 집중하는 일을 동시에 해야 합니다. 매 순간 무언가를 기대하지만 에너지를 너무 쥐어짜서는 안 됩니다. 너무 집중한 나머지 정작 일이 벌어질 때 알아차리지 못하는 일이 없어야 하기 때문입니다. 시몬의 가장 유명한 책은 『신을 기다리며』*Attente de Dieu* 입니다. 기도의 본질은 주목, 기다리는 주목으로 시작되고, 여기에는 모종의 자기 부정 selflessness 이 포함됩니다. 자신의 생각과 불안을 미뤄 놓고, **저기** 있는 것에 자신을 열고, 마음이 그것에 영향을 받도록 허용하는 것입니다.

이 개념은 시몬의 사상에서 가장 중심되고 중요합니다. 그녀가 전개한 사상의 놀라운 점은 우리 모두가 어떤 식으로든 공유하는 경험들을 하나님에 대한 관상 체험과 연결시킨다는 것입니다. "깊이 집중하고 순수하고 성스러워야만 비로소 하나님을 관상할 수 있다"는 생각 대신에 우리는 이렇게 생각할 수 있습니다. "이탈리아어로 말하는 법, 실험을 진행하는 법, 심지어 자전거 타는 법을 배울 때도 모종의 방식으로 이미 실제적인 관상을 하고 있다. 그저 거기 있는 것, 내가 아닌 것의 요구에 반응하며 내 정신과 의지를 외부적 실재에 맞추는 와중에 내 자아의 관심사를 보류하는 경험은 이미 낯설지 않다."

우리가 이 책에서 살펴본 많은 작가의 경우처럼, 이런 생각 배후에는 심오한 이론적 배경이 있고 그 배경의 개념들 중 일부는 소화하거나 받아들이기가 쉽지 않습니다. 시몬은 우리가 하는 일에 '우리 자신을 내어 주는' 이런 헌신의 과정이 하나님과의 연합의 근거라고 봅니다. 하나님은 언제나 친히 자신을 헌신적으로 내어 주시기 때문입니다. 세상이 존재할 수 있게 하시고자 하나님이 스스로를 지워 버리신다고 말할 수 있을 정도로 말입니다.

하나님은 세상이 시야에 들어오게 하시고자 시야에서 물러나십니다. 하나님이 자신을 너무나 철저하게 내어 주셔서 자신을 사실상 지워 버리시는 이 선물을 베유는 이렇게 해석합니다. 하나님과 우리의 이상적 관계는 하나님이 시야에서 물러나심에 대한 반응으로 우리가 자신을 '지우고' 그분에게 우리를 단순히 맞출 때 이루어진다고 말입니다. 그녀의 표현대로, 우리는 우리 자신을

"탈창조"de-create합니다.

이것은 그리스도인들—또는 신실한 유대교인들—에게 문제가 있다고 여겨질 만한 주장이고, 시몬의 유산 중에서 가장 이의 제기가 많고 논쟁을 불러온 주장 중 하나입니다. 창조의 목적이 단순히 창조된 생명을 취소하는 것이라면 하나님은 왜 창조를 하신 걸까요? 그러나 새로운 방식으로 배우고 되살아나기 위해 자기 이외의 다른 것에 자신을 내어 주는 훈련의 근본 취지는 여전히 유효합니다.

힘차고 밀도 있는 시몬의 글은 중독성이 있고 그녀의 정신의 범위는 너무나 넓고 깊습니다. 그녀의 비극은 자신이 사랑받을 수 있다거나 사랑받아야 한다는 것을 믿는 일이 거의 불가능했다는 점입니다. 자신의 구체적 정체성은 언제나 옆으로 치워야 한다는 확신이 그 부분적인 이유였습니다. 이것은 유대교에 지독히 둔감해 보였던 그녀의 모습을 어느 정도 설명해 줍니다.

그녀는 마치 자신의 유대인 정체성이 폐지되어야 할 또 다른 당혹스러운 특수성의 조각인 것처럼, 유대교에 대해 적의와 몰이해를 보여주는 글을 썼습니다. 하지만 그녀는 조지 허버트의 잊지 못할 시구를 묵상할 때 그리스도께서 "내려오셔서 그녀를 사로잡으셨던" 순간을 결코 잊지 않았습니다. "사랑이 나를 반갑게 맞아 주었지만 내 영혼은 뒷걸음쳤다. 먼지와 죄의 허물 때문에." 어떤 수준에서 시몬은 자신이 깨닫는 것보다 많이 알았고 자신의 지성이 감당할 수 있는 것보다 더 많은 것을 받아들였습니다. 그래서 우리는 마지막 순간에 그녀에게 깨달음이 주어졌기를 기도할 수 밖에 없습니다.

2009년 성주간, 캔터베리 대성당에서 진행한 강연에서.

Etty Hillesum, 1914~1943

에티 힐레숨

무릎 꿇고 싶은 충동

⑲

1943년 아우슈비츠에서 죽은 에티 힐레숨은 강제 수용을 당하고 죽기 전까지 2년 동안 쓴 일기를 남겼습니다. 이례적으로 충실하고 흡인력 있는 이 문서는 복잡한 성생활과 정서 생활, 릴케와 도스토옙스키에 점점 몰두하게 된 과정과 대단히 독특한 개종 과정을 연대순으로 기록하고 있습니다. 그녀의 유대인 혈통은 엄청나게 중요한 문제—배경이 1940년대의 네덜란드이기 때문에—였지만, 흥미롭게도 종교적 주제로 언급되진 않습니다. 그녀도 다른 사람들처럼, 현대 유럽의 종교와 상상력이라는 긴 우회로를 거쳐 자신의 뿌리로 나아간 것 같습니다. 그러나 에티가 쓴 많은 주목할 만한 내용 중에서 "무릎 꿇고 싶은 충동"에 관한 반복된 언급은 그녀가 이해한 '하나님'에 대한 단서를 제공합니다.

기도는 물리적으로 은밀한 일입니다. 1942년, 에티는 무릎을 꿇고 싶은 충동에 대해 쓰는 것이 아주 어렵다고 적었습니다. 그 충동은 "때로는 내 몸에 고동쳐 흐른다. 내 몸은 무릎을 꿇기 위해 존재하고 만들어진 것 같다.……그 충동은 내 몸 안에 단단히 박혀 가끔 표현될 필요가 있는 몸짓이 되었다." 그런데 그녀에겐 이 충동을 표현하는 것이 "자신의 연애 활동에 대해 써야 하는 것보다" 더 창피한 일이었습니다.[1] 무릎을 꿇는 몸짓을 요구하는 것은 어스름한 잿빛 풍경을 광활함으로 바꿔 놓는 내면의 "솟구침"과 "충만함"의 감각입니다.[2] 그리고 그곳에는 자아에 "귀 기울임"이 따라옵니다.[3] 이 귀 기울임은 단순한 자아 탐색이기도 하고 아니기도 합니다. "내 안에서 귀를 기울이는 존재는 사실 하나님이시다. 내 안의 가장 본질적이고 가장 깊은 무엇이 타자 안의 가장 본질적이고 가장 깊은 무엇에 귀를 기울인다. 하나님이 하나님에게." 사랑으로 타자를 주목하는 것은 "그들 안에 있는 당신께 가는 길"을 내는 일입니다.[4]

이 모든 글에 담긴 의미를 정확히 가려내기는 쉽지 않습니다. 에티 힐레숨은 자기 안에 내주하시는 하나님께 감사한다고 말할 수 있었고[5] 성 아우구스티누스와 관련하여 이렇게 썼습니다. "진정 감사야말로 사람이 써야 할 유일한 연애편지, 하나님께 보내는 연애편지다."[6] 그녀는 하나님을 근원이시자 주시는 분으로 자주 부릅니다. 그녀가 하나님을 자아의 한 차원, 자아에 담긴 어떤 것과 동일시했다고 볼 수는 없지만, 그녀의 하나님에 대한 감각이 "내면에서" 자라나는 어떤 것에 대한 감각과 분리될 수 없음은 분명합니다. 그녀는 우리 안에 있는 신적 형상의 성장을 다룬 긴 항목의 결론부에서 릴케의 『시도시집』時禱詩集, Das StundenBuch을 긍정적으로 인용합니다. "우리가 원하지 않아도, 하나님은 무르익으신다."[7]

그녀의 일기가 보여주는 것은 열정적 발견의 과정입니다. 이 시기의 일기에는 유난히 생생하고 즉각적으로 터져 나온 그녀의 기도들이 담겨 있습니다. "거의 벌거벗고 바닥 한복판에서 완전히 실패한 채" 무릎 꿇는 일에 대한 강조,[8] 하나님께 신실하려는 몸부림, 책임감을 동반한 무엇인가가 축적되고 성장하는 느낌이 다시 등장합니다. 이것은 하나의 과제를 받아들인 삶입니다. 이 과제는 하나님이 점점 더 눈에 보이는 방식으로 "무르익으시게" 허용하는 과제입니다.

에티가 베스터보르크의 임시 수용소에서 보낸 참혹한 편지들에서는 이 과제에 포함되는 내용이 더 분명하게 드러납니다. 이전에 그녀는 고통을 받아들이는 일이 '수동적 행위'라는 내용과 유전적, 기질적 특성으로 인한 시련을 포함한 우리가 어떤 의미에서도 선택하지 않은 고통을 수용할 필요성에 대해 쓴 적이 있습니다.[9] 그녀는 앙드레 쉬아레스André Suarès, 1868-1948(프랑스의 시인, 평론가—옮긴이)가 도스토옙스키에 관해 한 말을 인용합니다. "고통은 갈망의 자리가 아니라 확실성의 자리다."[10] 이 말은 고통을 정복하거나 피하려 들 것이 아니라 활용하거나 변화시켜야 한다는 뜻입니다. '자리'는 주어졌습니다. 피할 수 없는 고통은 더 나은 곳을 바라는 갈망의 자극제나 도덕적 개선을 위한 교육의 기회가 아닌 인간됨의 일부로 녹여 내야 할 자료입니다.

이것은 그녀가 하나님에 대해 어떻게 생각하는지 이해하는 데 도움이 될 것입니다. 고통을 통해 자아는 특정한 실재들이 집을 찾을 수 있는 곳으로 성장한다는 것이지요. 이 실재들은 어떤 의미에서 상당 부분 자아의 내적인 일이지만, 의지로 추구하거나 상상력으로 만들어 낸 것이 아닌 인생사를 통해 ─이렇게 말할 수 있을까요?─심겨진 것입니다.

한 통찰력 있는 해설가는 여기서 힐레숨이 자신에게 제대로 된 분노가 없어서 가끔 속상해 한다고 거침없이 지적했습니다만, 저는 그렇게 확신할 수 없습니다. 힐레숨이 베스터보르크에서 쓴 편지들은 그녀가 목격한 잔혹한 행위들에 대한 공포와 거부감, 그리고 분노의 감정을 아주 분명하게 드러내기 때문입니다. 그러나 우리는 자리를 마련해 준다는 이미지를 아주 진지하게 받아들여야 합니다. 그녀는 자신의 상상과 감정을 위해 내면의 집을 관리할 과제가 있다고 온전히 확신했고, 그 과제는 어떤 것들이 인간의 마음에서 사라지지 않게 지키는 일과 관련이 있습니다. 만일 분노가 슬픔을 몰아낸다면, 깨어진 인간적 유대를 다시 만들어 낼 힘을 가진 그 무엇이 사라지고 맙니다. 슬픔은 갈등을 넘어 인식되고 공유될 수 있지만 분노는 그렇지 않습니다. 그리고 가장

결정적으로, 그녀는 자신이 하는 일을 주어진 상황에서 하나님을
책임지는 것으로 가장 잘 묘사할 수 있다고 믿었습니다.

> 당신은 우리를 도울 수 없습니다.……우리가 스스로를 돕기
> 위해 당신을 도와야 합니다. 이것이 우리가 감당할 수 있는 전
> 부이고, 정말 중요한 전부이기도 합니다. 우리 안에 있는 당신
> 의 그 작은 조각을 지키는 것 말입니다.[11]
>
> 모든 일을 겪어 내고 이 시대에도 하나님이 살아 계신다는
> 사실을 증언하는 사람이 있어야 합니다. 내가 그 증인이 되어
> 서는 안 될 이유가 있겠습니까?[12]

2004년 11월 18일, 옥스퍼드에서 진행한 로마니즈 강연에서 발췌.
Rowan Williams, *Faith in the Public Square* (London: Bloomsbury, 2012), 26장에 실려 출간.

St Óscar Romero, 1917~1980

성 오스카 로메로

하나님이 자신을 역사 속에 집어넣으셨다

(20)

"교회와 함께 느끼기." Sentir con la Iglesia 이것은 오스카 로메로 주교의 신조였습니다. 이 문구는 그가 쓴 주교관에 새겨져 있으며 많은 사진을 통해 볼 수 있습니다. 사실 오래된 이 문구는 충실한 가톨릭 신자의 이상적인 마음 상태를 표현하는 데 자주 쓰이며 흔히 "교회와 함께 **생각하기**"로 번역됩니다. 이 문구는 교회의 가르치는 권위에 공감한다는 단순한 의미로도 쓰일 수 있고, 실제로 그렇게 쓰여 왔습니다.

그러나 로메로 대주교의 삶과 죽음은 우리를 이보다 훨씬 더 깊은 의미로 이끕니다. 그는 기질적으로 혁명가는 아니었습니다. 그는 연민과 사목적 헌신이 두드러졌으며 젊은 사제와 이후 주교로서 강렬한 개인적 영성을 보였습니다. 그는 "교회와 함께 느끼기"를 교회의 가르침과 합당한 질서에 충실함이라는 본질적인 관점에서 해석한 것으로 보입니다. 그는 많은 사랑을 받았습니다. 그러나 많은 사람들이 기억하는 사역 초기 로메로의 모습은 가난한 자들의 참된 친구인 동시에 부자들의 친구였습니다. 어느 관찰자의 신랄한 표현에 따르면, 로메로는 양과 늑대가 같은 접시에서 먹을 수 있을 것이라는 사고방식을 가진 사람처럼 보였습니다.

로메로가 보다 온전하고 엄격한 비전을 갖게 된 것은 늑대들이 무엇을 할 수 있는지 가까이서 보고 그런 상황에서 목자가 져야 할 책임을 깨닫게 되면서 찾아왔습니다. 1974년과 1975년에 살바도르 국가방위대가 무고한 농민들을 포악하게 학살한 사건으로 로메로의 변화는 시작되었습니다. 그리고 그가 대주교로 임명되고 몇 주 지난 1977년 3월에 친구였던 예수회 사제 루틸리오 그란데Rutilio Grande가 살해당했는데, 그 사건 때문에 로메로의 변화는 절정에 이르렀습니다. 이후 로메로에게 "교회와 함께 느끼기"는 새로운 의미와 심오한 성경적 의미를 갖게 되었습니다. 예수회 사제 혼 소브리노Jon Sobrino는 이렇게 말했습니다. "가난한 사람들 때문에 그의 마음이 부서졌고 그 상처는 결코 아물지 않았다."

"교회와 함께 느끼기"는 점점 더 분명하게 그리스도의 몸, 서반구 전체에서도 손에 꼽을 만큼 무자비한 정부에 의해 억압과 겁탈과 학대를 당하고 십자가에 못 박힌 몸의 고통에 함께 참여하는 것을 의미하게 되었습니다. 같은 해인 1977년 초여름, 정부군이 아길라레스에서 잔혹 행위를 저지르자 로메로는 분명한 표현을 사용하여 사람들에게 이렇게 말했습니다. "여러분은 희생당하신 하나님의 형상입니다.…… 여러분은 역사 속에서 고통받으시는 오늘날의 그리스도입니다." 로메로가 이 말을 한 장소는 군인들이 성당 감실을 열어젖히고 축성된 성체를 바닥에 흩뿌려 놓고 떠났던 소도시였습니다. 국가가 그리스도의 몸을 상대로 전쟁을 벌이고 있음을 이보다 더 강력하게 보여주는 증거는 없었습니다.

로메로는 이 전쟁에서 그리스도의 몸은 비폭력적 무기밖에 사용할 수 없음을 알았습니다. 그는 테러를 저지르고 내부 파벌들끼리 싸우고 죽여 국민이라는 고통받는 몸에 또 다른 상처를 내는 혁명가들을 향한 비판을 아끼지 않았습니다. 그에게 교회의 과제는 어떤 파벌의 하부 조직이 되는 것이 아니라 고통받는 몸의 목소리가 되는 것이었습니다.

그래서 로메로는 교회 내에서 발언하고 교회를 대변할 자유를 가진 모든 사람에게 이런 질문을 던졌습니다. "여러분은 정말 누구를 대변합니까?" 그러나 우리가 그의 말과 증언에 내재하는 주제를 심각하게 받아들인다면, 이 질문은 "여러분은 정말 누구와 함께 느낍니까?"로도 해석할 수 있습니다. 여러분은 그 몸의 실제 삶 안으로 들어가 있습니까? 그리스도 안에 있는 여러분의 삶 속에서 느껴지는 정서가 힘 있는 자들과 똑같게 보이지는 않습니까? 성숙한 로메로가 새로이 배운 "교회와 함께 느끼기"의 의미는 그리스도의 몸을 대신하여 말하는 법을 가르쳐 줄 것입니다.

그리고 우리는 그렇게 말할 때 따라올 수 있는 결과를 확실히 알아야 합니다. 로메로는 "교회와 함께 느끼기"란 그리스도의 몸과 함께, 그리스도의 몸을 위해 위험을 감수하라는 뜻이란 것을 알았습니다. 그래서 이후 그는 이런 상황에서 사제들이 양 무리와 함께 살해당하지 않는다면 정녕 "슬플" 것이라고 말했습니다. 지금 들어도 충격적이고 정신이 번쩍 드는 말입니다. 물론 사제들은 그 악몽 같은 시절의 엘살바도르에서 거듭 살해당했습니다.

그러나 로메로는 그리스도의 몸을 대변하여 말하는 일을 영적 엘리트만의 책임으로 제시하지는 않았습니다. 그는 사제의 역할을 극적으로 강조하는 방식으로 민중의 책임을 폄하하지 않았습니다. 그는 모든 사제와 주교가 말을 하지 못하게 될 상황에 대해 이렇게 말했습니다. "여러분 각자가 하나님의 마이크가 되어야 합니다. 여러분 각자가 메신저와 예언자가 되어야 합니다. 한 명의 세례 받은 사람이라도 있는 한 교회는 언제나 존재할 것이고, 세상에 남은 그 한 사람은 진리와 신적 정의라는 주님의 깃발을 세상에서 들어 올릴 책임이 있을 것입니다."[1] 몸의 각 부분은 십자가에 달리시고 부활하신 예수 안에 있는 공통의 생명으로부터 말할 권위를 부여받습니다. 각 부분은 전체의 고통―그리고 전체의 소망과 광채―을 공유하기 때문입니다.

그러므로 로메로의 질문과 도전은 자기 목소리를 낼 모종의 공적 메가폰이라는 특권을 가진 이들에게만이 아니라 우리 모두를 향한 것입니다. 교회는 진리로 유지되고, 전체 교회는 권력 남

용과 약자들의 외침에 대한 진실이 울려 퍼지는 공동체가 되어야
합니다.

한번은 로메로가 해외에서 귀국했을 때 공항 직원이 지나가
는 그를 보고 큰소리로 이렇게 말했습니다. "저기 진리가 간다."
그리스도인에게 이보다 더한 찬사가 있을까요? 교회가 진리의 영
을 받았다고 믿는다면, 그것이 우리에게 추상적 진리를 전해 줄
초자연적 확신을 말하는 것이 아님을 기억해야 합니다. 요한복음
에 나오는 우리 주님의 말씀에 따르면 진리의 영은 잘못을 깨우
치게 하는 진리, 하나님의 임재를 드러내 줄 진리, 우리가 누구이
고 세상이 무엇이며 우리의 가치가 어디서 표류하고 있는지 보여
줄 빛입니다. 교회는 고통과 불의를 고통과 불의라고 부르는 곳
이 됨으로써 참으로 성령의 거처가 되어야 합니다. 그것은 교회
가 피상적으로 평온함을 갖추는 데 도움이 되지 않을 것입니다.
교회나 세상에서 치유가 일어나려면 인간 고통의 진실이 정직한
목소리를 얻어야만 합니다. 그리스도께서 인간의 끔찍한 고통, 무
력함과 말 못함, 죄책, 좌절, 자기 의심을 기탄없이 포용하시고 그
곳에 그분의 신적 연민을 불어넣으실 때 그리스도의 몸의 가장
깊은 일치가 이루어집니다. 로메로는 어느 성탄절 설교에서 그리
스도와 더불어 "하나님이 역사 속에 자신을 집어넣으셨다"고 말
했습니다.

이것이 몸의 일치의 토대라면, 참된 순교자, 성인은 교회 안
파벌이나 파당에 속하거나 좌파나 우파만의 영웅에 그치지 않고

고통받는 이들, 분투하는 이들, 버려질까 봐 두려워하고 발견될까 봐 더 두려워하는 모든 이에게 그리스도의 포용을 분명하고 단호하게 드러내는 사람이어야 합니다. 이 포용은 스스로의 폭력과 비인간성에 갇힌 사람들을 포함한 모든 사람에게 적용됩니다. 이것은 가난한 사람들뿐 아니라 부자들에게도 좋은 소식입니다. 그러나 폭력적인 자들과 풍요로운 자들에 대한 그리스도의 포용은 양과 늑대를 자유롭게 어울리게 하는 것을 의미하지 않습니다. 그것은 죄인들이 사랑에 설득되어 자신의 권력과 특권을 손에서 놓을 때까지 철저히 사로잡고 풀어 주지 않는 포용입니다.

로메로 대주교는 마지막 설교에서 바로 그런 사랑으로 정부군에게 불의한 명령에 복종하지 말고 무기를 내려놓으라고 촉구했고 엘살바도르의 통치자들에게는 살인과 탄압을 중지할 것을 명령했습니다. 그 사랑은 우리 주님의 사랑과 동일한 것을 불러일으켰습니다. 살인을 본질로 하는 폭력적 권력의 공허함과 무능함을 증언한 궁극의 증인들 말입니다. 제도화된 악이 내릴 수 있는 최종적 제재가 바로 죽음입니다. 그런데 인간이 우주의 유일한 참된 힘인 하나님의 사랑을 위해 죽음을 직시하고 받아들이고 겪어 내면 제도화된 악은 무력해집니다. 온갖 끔찍한 재주와 힘에도 불구하고 그 악은 할 말도 할 일도 없는 비실재적인 것임이 폭로됩니다. 위대한 구스타보 구티에레즈Gustavo Gutiérrez, 1927- (페루 출신 신학자. 도미니크 수도회 수도사. 해방신학의 창립자—옮긴이)는 엘살바도르의 순교자들을 기념하여 1995년에 전한 설교에서 이렇게 말했습니다. "생명이 최종 결정권을 갖는다."

우리는 그리스도의 몸 안에 있는 그리스도의 생명을 증언한 로메로에게 감사하면서 예수께서 그분의 말씀과 죽음과 부활을 통해 그리고 그분의 성인들과 순교자들의 삶과 죽음을 통해 우리에게 거듭 물으시는 질문들을 떠올리게 됩니다. "너희는 누구의 목소리로 말하느냐? 너희는 누구의 필요를 대변하느냐? 너희는 어떤 진리를 구현하느냐?"

2010년 3월 28일, 오스카 로메로 대주교의 순교 30주년을 기념하여 웨스트민스터 대성당에서 열린 예배에서 전한 설교.

주

01 사도 바울

1 M. R. James, *The Apocryphal New Testament*(Oxford: Oxford University Press (revised), 1960), 272-281에는 바울과 테클라의 이야기가 나오는데, 바울에 대한 일종의 역사 소설이다. 해당 묘사는 273쪽에 나온다.

02 성 알바누스

1 Bede, *Ecclesiastical History of the English People*(Kindle edition, Penguin, 2003), 제1권 7장을 보라.

04 캔터베리의 성 아우구스티누스

1 Bede, *Ecclesiastical History of the English People*(Kindle edition, Penguin, 2003), 제2권 1장을 보라.

05 캔터베리의 성 안셀무스

1 'Meditation on Human Redemption'에서 발췌. Benedicta Ward (trans.), *The Prayers and Meditations of Saint Anselm*(Harmondsworth: Penguin Books, 1973), 230-237을 보라.

06 마이스터 에크하르트

1 Maurice O'C. Walshe (trans.), *The Complete Mystical Works of Meister Eckhart*(New York: Herder and Herder, 2009), 293-294.

07 토머스 크랜머

1 Brian Cummings (ed.), *The Book of Common Prayer: The Texts of 1549, 1559, and 1662*(Oxford: Oxford University Press, 2011), 251, 262, 455.
2 Cummings (ed.), *The Book of Common Prayer*, 402.
3 Thomas Cranmer, *Writings of the Rev. Dr. Thomas Cranmer, Archbishop of Canterbury*(London: The Religious Tract Society, 1831), 67.
4 Cranmer, *Writings of the Rev. Dr. Thomas Cranmer*, 67.

08 윌리엄 틴들

1 William Tyndale, *Doctrinal Treatises and Introductions to Different Portions of the Holy Scriptures*(Cambridge: Cambridge University Press, 1848), 20.

2 Tyndale, *Doctrinal Treatises*, 98.

3 Tyndale, *Doctrinal Treatises*, 99.

4 Tyndale, *Doctrinal Treatises*, 99.

09 아빌라의 성 테레사

1 Teresa of Avila, *The Way of Perfection*, 27장. (『완덕의 길』 바오로딸)

2 Author's own translation from the Spanish.

3 Mirabai Starr (trans.), *Teresa of Avila: The Book of My Life*(Boston: New Seeds Books, 2007), 73-74.

4 E. Allison Peers (trans., ed.), *St. Teresa of Avila: Interior Castle*(New York: Dover Publications Inc, 1946), 148.

5 Peers (trans., ed.), *St. Teresa of Avila: Interior Castle*, 165-166.

10 존 밀턴

1 John Milton, *Elijah Fenton, Sam Barrow, Samuel Johnson, Andrew Marvell, Paradise Lost*(London: John Bumpus, Holborn-Bars, 1821), 378. (『실낙원』 문학동네)

2 Milton et al, *Paradise Lost*, 3.

3 Milton et al, *Paradise Lost*, 384.

4 Milton et al, *Paradise Lost*, 383.

5 John Milton, *Paradise Regain'd: A Poem in Four Books*(London: T. Cadell, Jun, and W. Davies, 1795), 255-256. (『복낙원』 문학동네)

6 Milton, *Paradise Regain'd*, 256.

7 Milton, *Paradise Regain'd*, 259.

8 Milton, *Paradise Regain'd*, 57.

12 찰스 디킨스

1 Charles Dickens, *Bleak House*, 47장. (『황폐한 집』 동서문화사)

2 Dickens, *Bleak House*, 58장.

3 Charles Dickens, *The Life of Our Lord: Written for His Children During the Years 1846 to 1849*, 11장.

16 마이클 램지

1 London: Longman, 1965.

2 Michael Ramsey, *Sacred and Secular* (London: Longman, 1965).

3 Ramsey, *Sacred and Secular*, 69.

4 Michael Ramsey, *God, Christ and the World* (London: SCM Press, 1969), 100.

5 Ramsey, *God, Christ and the World*, 100.

17 디트리히 본회퍼

1 Dietrich Bonhoeffer, 'Stations on the Road to Freedom' (1944).

2 Dietrich Bonhoeffer, *The Way to Freedom* (London: Collins, 1966), 58.

18 시몬 베유

1 Simone Weil, *Waiting on God* (London: Fontana Books, 1959), 35. (『신을 기다리며』 이제이북스)

19 에티 힐레숨

1 Klaas A. D. Smelik (ed.), Arnold J. Pomerans (trans.), *Etty: The Letters and Diaries of Etty Hillesum, 1941–1943* (Grand Rapids: Wm. B. Eerdmans Publishing Company, 2002), 320.

2 Smelik and Pomerans, *Etty*, 216.

3 Smelik and Pomerans, *Etty*, 212.

4 Smelik and Pomerans, *Etty*, 519.

5 예를 들면 Smelik and Pomerans, *Etty*, 237.

6 Smelik and Pomerans, *Etty*, 546.

7 Smelik and Pomerans, *Etty*, 192.

8 Smelik and Pomerans, *Etty*, 497.

9 Smelik and Pomerans, *Etty*, 160–161.

10 Smelik and Pomerans, *Etty*, 183.

11 Smelik and Pomerans, *Etty*, 488.

12 Smelik and Pomerans, *Etty*, 506.

20 성 오스카 로메로

1 Joseph V. Owens SJ (trans.), *A Prophetic Bishop Speaks to his People: The Complete Homilies of Archbishop Oscar Arnulfo Romero, vol. 5* (Miami: Convivium Press, 2016), 97.